지금은 지구를 구할 시간

미세 플라스틱과 미세 먼지, 온난화로 고통받는 생태계 이야기

지금은 지구를 구할 시간

미세 플라스틱과 미세 먼지, 온난화로
고통받는 생태계 이야기

오승현 글 박단희 그림

차례

들어가는 글 ······ 006

1장 미세 플라스틱 맛도 없고 먹으면 배만 아파요!

플라스틱 바다 ······ 012

물고기를 삼킨 미세 플라스틱 ······ 018

돌고 도는 플라스틱 ······ 024

미세 플라스틱, 어떻게 줄일까? ······ 030

2장 미세 먼지 동물들도 마스크 써야죠!

온몸 구석구석에 미세 먼지가!	······ 040
몸에 얼마나 해로울까?	······ 047
동물들도 미세 먼지 마스크 써야죠	······ 052
미세 먼지는 어느 한 나라만의 문제가 아니야	······ 056
미세 먼지, 나빠지는 걸까? 아니면 좋아지는 걸까?	······ 063
미세 먼지를 어떻게 줄일까?	······ 069

3장 지구 온난화 동물들도 덥다고요!

지구가 펄펄 끓어요!	······ 078
더위에 죽어 가는 동물들	······ 085
지구 온난화를 어떻게 늦출까?	······ 093
과학이 지구를 지켜 줄까?	······ 102
하나뿐인 지구별	······ 108

들어가는 글

'연어가 숲을 키운다'는 말이 있어요. 연어는 강과 바다를 오가며 사는 물고기예요. 알에서 깨어나는 곳은 강이지만, 평생을 바다에 머물죠. 그러다 알을 낳을 때가 되면 태어난 고향으로 돌아가요. 우리나라의 연어는 태평양 건너 알래스카까지 무려 2만 킬로미터를 돌아다니다 고향으로 돌아옵니다. 과학자들은 연어가 어떤 방법으로 그 먼 길을 돌아오는지 알아내지 못했어요.

캐나다에서는 연어가 다니는 강 주변으로 곰들이 몰려들어요. 겨울잠을 자기 전에 먹이를 넉넉히 먹기 위해서죠. 연어를 배불리 먹은 곰은 숲 여기저기에 똥을 잔뜩 싼답니다. 곰의 배설물은 토양을 비옥하게 만들어요. 이것이 연어가 숲을 가꾸는 비결이에요. 또한, 곰이 먹다 남긴 연어 사체는 숲속 동물들의 훌륭한 먹잇감이 되죠. 연어는 바다의 영양소를 육지로 옮기는 전달자예요. 곰 또한 물속 연어를 숲속으로 옮기는 전달자 역할을 하죠.

더 놀라운 사실은 죽은 어미 연어가 새끼 연어를 키운다는 점이에요. 새끼 연어의 몸을 분석해 보면 40퍼센트의 해양 탄소와 31퍼센트의 해양 질소가 발견되죠. 아직 바다에 가 본 적 없는 새끼 연어의 몸속에서 말이에요. 이는 죽은 어미 연어들의 몸에서 나왔어요. 어미 연어의 살이 분해돼 물속에 영양소로 머물다 물속 식물을 키우고, 물속 식물이 다시 먹이 사슬을 거쳐 새끼 연어의 배 속으로 들어간 거예요.

옛날 북아메리카 원주민들은 친구나 낯선 사람을 만나면 "미타쿠예 오야신"이라고 인사했어요. '우리 모두 서로 연결되어 있다'는 뜻이에요. 모든 생명은 서로에게 의지하여 존재해요. 민들레 한 송이도 저절로 필 수 없고 사과 한 알도 저절로 붉어질 수 없어요. 햇빛과 공기와 물이 어우러져 꽃을 피우죠. 또, 열매를 맺으려면 벌이 꽃가루를 수술에서 암술로 옮겨 줘야 해요.

어느 생명이든 평화가 깨지면 돌고 돌아 내 평화마저도 깨지고 말죠. 온갖 농약으로 애벌레가 자취를 감추면 어떻게 될까요? 곤충이 사라지면 봄철에 새들이 지저귀는 소리도 들을 수 없어요. '침묵의 봄'이 찾아오는 거죠. 우리가 환경에 던진 것은 부메랑이 되어 우리 몸속으로 되돌아옵니다. 우리가 버린 쓰레기와 유해 물질이 결국 우리 입으로, 코로, 피부로 돌아오는 거예요. 지구가 아프면 우리도 아프게 돼 있어요.

"사과한알이떨어졌다. 지구는부서질정도로아팠다." 시인 이상(1910~1937년)의 시 〈최후〉의 한 구절이에요. 물론 지구의 아픔까지 느끼는 시인의 예민한 감수성으로 빚어낸 구절이겠지만, 우리는 이 구절에서 이상이 살던 시대에는 상상하지 못한 진실을 발견하게 됩니다. 지구가 그만큼 예민하고 연약할지 모른다는 사실이죠. 아니, 지구는 거대하고 강력해요. 다만 인류의 탐욕이 너무 커진 거겠죠.

과학자들은 새로운 지질 시대로 '인류세'라는 표현을 써요. 지질 시대의 단위인 '세'와 '인류'가 합쳐진 말이에요. 인류가 남긴 흔적들이 지구의 지층을 구분할 만큼 많이 쌓였다는 의미랍니다. 플라스틱, 콘크리트, 미세 먼지, 방사성 물질, 대기 중 이산화탄소 등 이전까지 지구에 없거나 드물거나 알맞게 있었던 것들이 지구를 가득 채우고 있죠. '인류세'라는 말이 나올 만합니다.

지금 지구는 신음하고 있어요. 기록적인 폭염, 갈수록 거세지는 태풍과 폭우, 전 세계적인 산불 피해, 아찔한 속도로 녹아내리는 빙하는 모두 지구의 신음이랍니다. 그 소리들은 우리를 향해 분명한 메시지를 보내고 있어요. 그렇게 계속 살다가는 '침묵의 봄'이 찾아올 거라고요. 봄날에 사라진 새들처럼 인류도 사라질지 모른다고요.

프랑스 사상가 루소가 『에밀』은 이렇게 시작합니다. "조물주는 모든 것을 선하게 창조했으나, 인간의 손길이 닿으면서 모든 것은 타락하게 된다." 인간이 지구를 망치고 있어요. 지금까지 지구상 어떤 생물도 지구를 이렇게 망친 적이 없었어요. 지구 생태계가 소행성 충돌로 위기를 겪은 적은 있었지만, 지구에 사는 생물 때문에 위기를 겪은 적은 없었습니다. 이제, 인류가 망친 모든 것을 제자리로 돌려놓을 때가 됐어요. 시간이 별로 없어요.

1장

미세 플라스틱
맛도 없고 먹으면 배만 아파요!

플라스틱 바다

1997년 하와이에서 열린 요트 경기에 참여해 북태평양을 지나가던 찰스 무어는 푸른 바다 위에 떠 있는 거대한 무언가와 마주하게 돼요. 가까이 가서 보니 쓰레기 더미였어요. 대부분은 플라스틱 쓰레기였어요. 땅 위도 쓰레기 때문에 몸살을 앓고 있지만, 물속 상황은 지상보다 훨씬 심각해요. 플라스틱 쓰레기 때문이에요.

태평양에 둥둥 떠다니는 플라스틱 쓰레기를 그러모으면 한반도 면적의 일곱 배에 달한다고 해요. 엄청나게 크죠? 그래서 사람들은 플라스틱 섬을 '제8대륙'으로 부르기도 해요. 보통 아시아, 유럽, 아프리카, 북아메리카, 남아메리카, 오세아니아, 남극을 가리켜 7대륙이라고 불러요. 북극은 왜 포함되지 않냐고요? 북극에는 대륙 대신 바다가 있어요. 그래서 '북극해'라고 말하죠.

원래 단추, 머리빗, 보석함, 만년필, 당구공 같은 것들은 코끼리 상아로 만들었기 때문에 사치품에 가까웠어요. 그러다 플라스틱이 개발되면서 많은 사람이 저렴하게 사용할 수 있게 됐어요. 플라스틱은 값싸고 가볍고 튼튼해서 '기적의 소재'로 불렸어요. 게다가 유연성, 탄력성, 강도 등을 조절해서 어떤 모양으로

든 가공할 수 있다는 큰 장점을 갖고 있었죠. 제2차 세계대전 이후 플라스틱이 널리 쓰이기 시작했는데, 80여 년 만에 철, 나무, 종이, 유리, 섬유의 상당 부분을 대체했어요.

 방 안을 둘러보고 거실로 나가서 살펴봐요. 냉장고를 열어 보고 화장실을 들여다봐요. 플라스틱으로 만들지 않은 물건을 찾기 어려울 거예요. 금속, 나무, 유리 등이 일부 보이지만, 거의 대부분 플라스틱이죠. 플라스틱으로 만든 물건을 집에서 다 치워 버리면 집 안이 텅텅 비어 버릴걸요.

 금속과 나무로 만든 것처럼 보이는 물건조차 잘 살펴보면 플라스틱으로 만든 거예요. 예를 들어 나뭇결 모양의 가구를 볼까요? 원목 가구가 아니라면 대부분은 합판에 나무 무늬의 필름을 붙여 놓은 형태일 거예요. 나무 무늬의 필름은 'PET 필름'이라고 해서 플라스틱의 일종이에요.

 플라스틱 덕분에 인류는 편리한 생활을 누릴 수 있었어요. 페트병, 비닐봉지, 테이크아웃 컵, 빨대, 랩, 포장지, 비닐장갑, 우산 보관용 비닐, 일회용 수저와 그릇 말고도 세탁 세제, 섬유 유연제 등에도 플라스틱이 들어가죠. 우리 몸에 직접 닿는 세제 종류에 왜 플라스틱이 들어가냐고요? 깨끗이 씻어 내는 효과를 위해서나 향기 캡슐로 사용하기 위해 작은 알갱이를 넣기 때문이에요.

바다 생물들 얘기를 해 줄까요? 바다거북은 해파리인 줄 알고 비닐봉지를 삼키거나, 플라스틱 표면에 들러붙은 미생물 냄새에 속아 플라스틱을 먹기도 해요. 깊은 바다에서 사냥하는 향유고래는 쓰레기를 오징어로 착각하고 삼키죠. 새들은 플라스틱 조각을 먹이인 줄 알고 낚아채 새끼에게 먹인답니다. 끔찍한 현실이에요.

새들이 왜 물고기도 아닌 플라스틱을 사냥하냐고요? 새들이 바보라서 그런 게 아니에요. 생각해 봐요. 바닷새가 하늘 높이 날다가 물 위에 둥둥 떠 있는 플라스틱을 보고서는 물고기로 착각하지 않겠어요? 새들 입장에서 물 위에 둥둥 떠다니는 게 먹이 말고 또 뭐가 있겠어요? 그동안 물 위에 둥둥 떠다니는 건 먹이라고 여기며 살아왔을 텐데 말이에요. 그러다 인간들이 수십 년 전부터 플라스틱 쓰레기를 마구 버리면서 플라스틱이 해안가에 흘러들기 시작했어요.

바닷새들은 물 위에 떠 있는 먹이를 잘 잡아먹을수록 더 잘 생존할 수 있게끔 진화해 왔어요. 그게 그들의 '생존 법칙'이에요. 그들이 그렇게 진화하는 데는 수천만 년의 시간이 걸렸을 테죠. 수십 년 전에 등장한 플라스틱이 수천만 년 이상 이어져 온 '생존 법칙'을 뿌리부터 흔들고 있는 거예요.

태평양에는 미드웨이(midway)라는 섬이 있어요. 바닷새인 앨버트로스가 많이 살고 있죠. 'midway'는 '중간에'라는 뜻인데, 그 이름처럼 아시아와 북아메리카의 중간쯤에 위치한 섬이에요. 세계적인 생태 사진작가 크리스 조던은 이 섬을 배경으로 〈미드웨이: 자이어의 메시지〉라는 연작을 내놓았어요. 연작이란 같은 주제 아래 연달아 내놓은 작품을 뜻해요.

크리스 조던의 사진 내용은 간단해요. 죽은 새를 찍은 사진들이에요. 배 속에는 온갖 플라스틱 쓰레기들이 한가득 담겨 있어요. 플라스틱 병뚜껑과 라이터, 작게 부서진 플라스틱 조각들…… 결코 연출된 사진이 아니에요. 실제로 플라스틱 쓰레기를 먹고 죽은 새들이에요. 연출된 사진일 거라는 의혹에 대해 크리스 조던은 "이 비극을 명확하게 전달하기 위해 나는 플라스틱 한 조각에도 손대지 않았다"라고 답했어요.

바다 동물들이 모르고 삼킨 플라스틱들은 배 속에서 소화되지도 썩지도 않아요. 가짜 포만감, 질식, 기형…… 수많은 비극을 낳고 있어요. 가장 대표적인 문제가 영양실조로 죽는 거예요. 플라스틱 조각이 배 속에 가득 차 있으니까 배가 부르다고 착각해서 더 이상 먹이를 먹지 않아요. 소화관이 막혀서 죽기도 하고요. 크리스 조던은 한 인터뷰에서 이렇게 말했어요. "다음 생에 앨버트로스로 태어나면 좋겠다. 그러면 새들에게 플라스틱을 먹지 말라고 말해 줄 수 있지 않을까?"

전문가들은 바닷새 10마리 중 9마리, 바다거북 10마리 중 5마리의 배 속에 플라스틱이 들어 있는 것으로 추측해요. 이런 추세라면 2050년에는 거의 모든 바닷새가 플라스틱을 먹게 된다고 해요.

매년 100만 마리 이상의 바닷새와, 바다에 사는 10만 마리 이상의 포유류가 해양 쓰레기 때문에 죽고 있어요. 먹어서도 문제지만 질긴 플라스틱 비닐이나 노끈, 그물 등에 걸려 상처를 입기도 하고 덫처럼 걸려 움직이지 못해서 죽기도 해요.

여러분이 여기까지 읽는 데 대략 8분이 걸렸을 거예요. 그사이 전 세계에서 사용된 비닐봉지는 대략 7680만 장이에요. 전 세계적으로 1초에 16만 장의 비닐봉지가 사용되거든요. 그 가운데 상당수가 바다로 흘러가요.

간편해서 쓰는 플라스틱 때문에 수많은 해양 생물이 목숨을 잃고 있어요.

물고기를 삼킨 미세 플라스틱

비닐봉지, 나일론(옷감), 스티로폼 등은 생김새와 쓰임새가 다르지만 모두 플라스틱에 속해요. 우리 주변에는 플라스틱이 차고 넘쳐요. 그 많은 플라스틱의 최종 종착지가 어디일까요? 바로 바다랍니다. 바다는 크고 작은 플라스틱 천지예요. 많은 쓰레기가 바다로 모이거든요. 바다에 직접 버려진 쓰레기가 있는가 하면, 깊은 내륙의 쓰레기가 빗물에 쓸려 강과 시내를 통해 바다로 흘러든 경우도 있어요. 여기에는 플라스틱 쓰레기가 많이 포함돼 있어요.

🟡우리나라의 해양 쓰레기가 한 해에 14만 톤이나 된다고?!🟡

해양수산부 발표에 따르면 2020년 한 해 동안 전국에서 수거한 해양 쓰레기가 약 14만 톤이나 된다고 해요. 그중에서 플라스틱은 83퍼센트로 가장 많은 비중을 차지하고 있어요.

수거한 플라스틱 쓰레기 유형을 살펴보면 음료수병과 뚜껑 등 단단한 형태가 가장 많아요. 그다음이 부표 같은 스티로폼 종류, 어업용 밧줄이나 그물 같은 섬유 종류, 비닐봉지 같은 필름 종류 순서로 많죠.

> 해마다 7~9월이면 해양 쓰레기 수거 사업이 집중적으로 펼쳐지는데, 장마 때 육지에서 바다로 흘러가는 쓰레기와 해수욕장 이용객이 버린 쓰레기가 늘어나기 때문이에요.
> 해양 쓰레기는 생태계를 무너뜨릴 뿐 아니라 선박 사고도 일으켜요. 우리나라에서 최근 5년간 해양 쓰레기에 의한 사고가 900건 가까이 돼요.
> 해양 쓰레기를 줄이는 가장 효과적인 방법은 바로 '쓰레기 배출'을 줄이는 거예요.

어마어마한 양의 플라스틱이 바다로 흘러들지만 바다 위에 둥둥 떠 있는 플라스틱 양은 전체 유입량의 0.5퍼센트도 되지 않아요. 나머지는 어디에 있을까요? 몇 가지 경우를 생각해 볼 수 있어요. 첫째는 바다로 흘러갔다가 다시 해안으로 나오는 경우, 둘째는 작은 미생물이 달라붙어 바다 밑으로 가라앉는 경우, 셋째는 햇빛과 파도에 의해 잘게 부서져 물속을 떠다니는 경우예요. 모두 가능한 일인데, 작게 부서져 물속을 떠다니는 플라스틱이 가장 많아요. 그게 바로 미세 플라스틱이죠. 크기가 5밀리미터보다 작은 플라스틱을 '미세 플라스틱(마이크로 플라스틱)'이라고 불러요.

플라스틱이 쪼개져서 발생하는 미세 플라스틱 말고도 두 종류의 미세 플라스틱이 더 있어요. 우선 치약, 화장품, 섬유 유연제 등에 들어 있는 미세 플라스틱 알갱이가 있어요. 다음으로 합성 섬유로 만든 옷을 세탁할 때마다 나오는 미세 플라스틱 섬유가 있어요. 그 양이 엄청나서, 전 세계 바다에 유입되는 플라스틱 가운데 3분의 1 이상이 옷을 세탁하면서 나온다고 해요.

한국은 2017년부터 미세 플라스틱을 넣은 치약, 화장품 등을 만들거나 수입하는 걸 법으로 금지하고 있어요. 예전에는 그런 치약이 판매됐어요. 치약에 왜 굳이 미세 플라스틱을 넣냐고요? 치아 표면의 이물질을 잘 닦아 내려고 치약 속에 작은 플라스틱 알갱이를 넣었죠. 지금도 미세 플라스틱이 접착제, 코팅제, 섬유 유연제 등에 광범위하게 사용돼요. 그래서 2021년, 생활 화학 제품에 포함된 미세 플라스틱을 규제하는 법 개정안이 국회에 발의되었어요. 생활 화학 제품에 들어 있는 미세 플라스틱 함유량 관련 안전 기준을 마련하는 내용이죠.

플라스틱 조각이 쪼개져 미세 플라스틱이 되는 경우 많은 양이 육지에서 바다로 흘러든 플라스틱이에요. 그런데 육지에서 쓰고 버린 플라스틱뿐만 아니라 어업 활동에서도 미세 플라스틱이 만들어져요. 못쓰는 고기잡이 도구나 그물, 선박에서 버린 쓰레기 같은 것들이에요. 미역이나 굴 등을 키우는 양식장에서 바다 위에 둥둥 떠 있는 하얀색 스티로폼도 마찬가지예요. 이것을 '부이'라고 불러요. 60만에서 70만 개에 이르는 알갱이로 이루어져 있는데 햇빛과 물살에 잘 부서져요.

물속 생물들은 주로 아가미를 통해 호흡해요. 아가미로 물을 들이켜서 물속에 녹아 있는 산소를 빨아들여요. 이때 물에 있는 미세 플라스틱이 아가미를 통해 들어와 몸속에 쌓여요.

물속 생물들은 먹이를 통해서도 미세 플라스틱을 흡수해요. 물속 먹이 사슬의 가장 아래쪽에 식물성 플랑크톤이 자리합니다. 아주 작은 물속 식물을 식물성 플랑크톤이라고 해요.

그런데 식물성 플랑크톤을 잡아먹는 물벼룩 같은 동물성 플랑크톤은 미세 플라스틱도 먹이로 착각해 잡아먹죠. 동물성 플랑크톤을 작은 물고기가 잡아먹고, 그 작은 물고기를 중간 물고기가, 그리고 중간 물고기를 큰 물고기가 잡아먹게 돼요. 그 과정에서 잡아먹힌 물고기 몸속에 누적된 미세 플라스틱이 잡아먹는 물고기 몸속으로 옮겨 가요.

한 연구에 따르면 바닷속에 퍼진 플라스틱 조각의 양이 동물성 플랑크톤보다 6배나 많대요. 바다에 사는 생물들 몸속에 미세 플라스틱이 가득한 이유예요. 먹이 사슬을 거쳐 거의 모든 해양 생물이 플라스틱으로 오염될 수 있는 거예요.

심지어 극지방조차 미세 플라스틱에서 안전하지 않다고 해요.

환경 보호 단체 그린피스가 2018년 초에 남극 지역의 눈과 바닷물을 채취해 분석했더니 미세 플라스틱이 나왔거든요. 다른 지역보다 사는 사람이 적고, 대륙에서 멀리 떨어져 있는데도 말이에요. 미세 플라스틱이 바닷물에 실려 지구 곳곳으로 퍼지고 있는 거예요. 거의 모든 곳이 미세 플라스틱에 오염됐다고 봐야겠죠.

 그러다 보니 미세 플라스틱을 먹지 않은 해양 생물이 별로 없어요. 물고기 몸에 차곡차곡 쌓인 미세 플라스틱은 결국 인간의 식탁에까지 올라와요.

 바닷속에서 산호의 단단한 뼈대가 쌓이고 쌓여 암초를 만드는데, 이 암초를 산호초라고 해요. 전 세계적으로 산호초가 죽는 현상이 벌어지고 있어요. 수온 변화 같은 원인이 있지만, 미세 플라스틱도 중요한 원인 가운데 하나예요. 미세 플라스틱이 산호초에 들러붙어 산호초가 죽는 거죠. 산호초가 사라지면 그곳에 사는 해양 생물도 살 곳을 잃고, 결국 먹이 사슬 맨 위에 있는

인간마저 위협받게 돼요.

"지금 노력하지 않으면 2050년 바다에는 해양 생물보다 플라스틱이 더 많아질 것입니다." 2017년 세계경제포럼에서 나온 경고예요. 해양 쓰레기가 초래할 끔찍한 미래에 대한 경고입니다.

플라스틱 쓰레기는 해양 생물뿐만 아니라 인류의 생존과 직접 맞닿아 있어요. 이 경고를 흘려듣지 말아야 할 이유예요.

돌고 도는 플라스틱

1950년부터 2015년까지 65년 동안 인류가 생산한 플라스틱은 약 83억 톤이에요. 어느 정도인지 감이 잘 안 오죠? 코끼리 무게로 치면 10억 마리 정도의 무게예요. 그런데 그중에서 절반 정도가 2000년 이후에 사용한 거라고 해요. 최근 20년 사이에 엄청나게 많은 플라스틱이 사용되고 어마어마하게 버려졌다는 뜻이에요.

'생산은 5초, 사용은 5분, 분해는 500년'. 플라스틱과 관련된 유명한 격언이에요. 비닐봉지가 완전히 분해되려면 최소한 500년은 걸려요. 게다가 분해되면서 나오는 화학 물질들은 소화장애, 섬유증, 암 등을 일으켜요. 가장 대표적인 문제는 내분비계 교란이에요.

호르몬이라고 들어 봤죠? 몸속에서 분비되는 물질인 호르몬은 몸속 기관이 활동하는 걸 돕거나 억제하는 역할을 해요. 여러분의 키가 자라고 몸이 커지는 것도 호르몬 덕분이에요. 성장 호르몬이 나와서 뼈의 길이를 늘이고 근육을 키워 주거든요. 사춘기에 접어들면 남자는 수염이 나며 목젖이 나오고 여자는 가슴이 나오며 엉덩이가 커지는데요, 이 역시도 호르몬이 하는 일이에요. 성호르몬이라고 부르죠.

그런데 플라스틱에서는 우리 몸의 내분비계에 이상을 일으키는 물질이 나와요. 인간이 만든 물질이 호르몬처럼 작용한다고 해서 이를 '환경 호르몬'이라고 불러요. 플라스틱에서 나오는 물질은 정상적인 호르몬 분비 작용을 방해해서 여러 문제를 일으켜요. 불임을 유발하거나 기형아를 낳게 하는 등 많은 문제가 생기죠.

식기, 젖병, 캔 용기 내부 코팅 등에는 폴리카보네이트(PC)라는 플라스틱이 쓰여요. 폴리카보네이트의 주원료인 비스페놀A는 사람이나 동물 몸속에 아주 적은 양만 들어가도 성호르몬 같은 역할을 해요. 여성에게는 유방암을 일으키고, 남성에게는 정자 감소를 일으켜요. 그래서 프랑스는 모든 식음료 용기에 비스페놀A를 사용하지 못하도록 했어요.

우리나라도 2012년부터 비스페놀A가 들어간 젖병 판매를 금지했어요. 그러나 비스페놀A의 사용을 전면 금지한 건 아니에요. 예를 들어 카페나 식당 등에서 주는 영수증, 은행이나 영화관 등에서 사용하는 번호표 등에서 비스페놀A가 검출된다고 해요. 많게는 유럽 기준의 60배를 넘는 것도 있다고 하죠.

이렇게 플라스틱을 만들 때 들어가는 성분 중에 몸에 해로운 물질이 밝혀질 때마다 사용을 금지해도 문제는 남아요. 해로운 성분을 빼고 플라스틱을 만들더라도 결국 미세 플라스틱이 되는 걸 막진 못하니까요. 미세 플라스틱은 물고기를 거쳐 인간에게 되돌아오죠. 물고기 말고도 인간이 먹는 채소, 고기 등에도 미세 플라스틱이 들어 있는 것으로 알려져 있어요. 생태계 피라미드에서 마지막 종착지는 늘 인간의 자리랍니다. 인간이 버린 플라스틱이 잘게 부서져 인간의 입으로 다시 들어와요. 플라스틱의 역습이에요.

　세계자연기금(WWF)이 발표한 자료에 따르면, 한 사람이 일주일 동안 먹는 미세 플라스틱은 약 2천 개, 무게로 따지면 신용카드 한 장 무게인 5그램이나 돼요. 한 달이면 칫솔 한 개 무게인 21그램을, 한 해에는 250그램의 미세 플라스틱을 먹는 셈이에요. 미세 플라스틱을 섭취하는 주된 경로는 놀랍게도 마시는 물로 조사됐어요. 한 사람이 매주 물을 통해 섭취하는 미세 플라스틱 개수가 평균 1769개였어요.

●마시는 물, 음료수, 술에서도 미세 플라스틱이 나와요●

2017년 환경부는 국내 24개 정수장 중 세 곳에서 1리터당 0.2~0.6개의 미세 플라스틱이 검출됐다고 발표했어요. 플라스틱 병에 담긴 생수는 더 심각해요. 미국 뉴욕주립대학교 연구팀이 9개 국가, 19개 지역의 11개 브랜드의 생수를 조사했더니 그중 83퍼센트의 생수에서 미세 플라스틱이 발견됐어요. 생수 1리터당 평균 325개의 미세 플라스틱이 나왔어요. 미세 플라스틱은 음료수나 술에도 들어 있어요. 음료수나 술을 만드는 과정에서 생수와 수돗물 속의 플라스틱이 들어가는 거예요. 게다가 용기까지 플라스틱으로 만들어져 있잖아요.

우리가 먹는 천일염에서도 미세 플라스틱이 많이 검출되죠. 천일염은 바닷물을 증발시켜 만든 소금이에요. 해양수산부는 2018년 9월 국내에서 생산한 천일염 두 종과 중국, 프랑스 등에서 수입한 천일염을 조사했어요. 조사 결과 프랑스산 천일염 100그램에서는 242개의 플라스틱 조각이 발견됐고, 국내산은 28개, 중국산은 17개의 플라스틱 조각이 발견됐어요.

 몸속에 들어온 미세 플라스틱이 어떤 부작용을 일으키는지는 아직 정확히 밝혀지지 않았어요. 한 가지 분명한 사실은 미세 플라스틱에 화학 물질이 잘 달라붙는다는 점이에요. 그러니까 나쁜 화학 물질을 잔뜩 붙인 미세 플라스틱이 몸속에 들어와서 화학 물질을 뿜어낼 수 있겠죠? 예를 들어 미세 플라스틱이 살충제 같은 화학 성분을 붙이고 몸속으로 들어올 수 있죠. 문제는 붙어 있던 미세 플라스틱과 살충제 성분이 몸 안에서 떨어져 혈액으로, 기관 곳곳으로 퍼지는 거예요.

2016년 1월 영국 스코틀랜드 타이리섬 해변으로 죽은 범고래 한 마리가 떠밀려 왔어요. 죽은 원인을 찾기 위해서 고래를 검사했는데, 몸에서 엄청난 농도의 폴리염화바이페닐(PCB)이 검출됐어요. '플라스틱 가소제'라고도 불리는 이 물질은 플라스틱을 원하는 모양으로 만들기 쉽도록 부드럽게 하는 물질이에요.

폴리염화바이페닐은 강한 독성과 심각한 환경 오염 때문에 생산이 금지되었어요. 충격적인 건 1970년대부터 사용 금지된 화학 제품인데도 40여 년 뒤 고래 몸속에서 발견된 거죠.

과학자들은 폴리염화바이페닐이 바다에 유입된 후 미세 플라스틱에 붙어 작은 동물의 입에 들어가고, 결국 최상위 포식자인 고래 몸에 쌓인 걸로 봤어요. 또 새끼 고래가 어미 고래 배 속에 있을 때 이 물질이 전해졌을 거라고 추측했어요. 폴리염화바이페닐은 자연 상태에서는 거의 분해되지 않아, 동식물 몸에 축적되는 거예요.

"미세 플라스틱보다 작은 나노 플라스틱은 뇌와 태반을 포함한 모든 기관 속으로 침투할 수도 있다." 〈유엔환경계획 보고서〉(2015년)에서 밝힌 내용이에요. 이제 플라스틱은 바다를 삼키고 인간을 덮치고 있어요.

　바다가 없으면 자연도 없죠. 프랑스어에서 바다와 엄마는 발음이 같아요. 한자 '바다 해(海)'에도 '어머니 모(母)'가 들어 있어요. 바다는 만물의 어머니랍니다. 물이 없으면 생명도 없어요.

미세 플라스틱, 어떻게 줄일까?

전 세계에서 어마어마하게 많은 플라스틱이 만들어지고, 또 재활용되지 못한 채 버려지고 있어요. 의미 없이 버려지는 플라스틱 문제를 해결하려면 어떻게 해야 할까요?

이미 유럽에서 만들고 있는 '생분해성 플라스틱'이라는 게 있어요. 생분해란 쉽게 말해 미생물에 의해 자연적으로 분해되는 거예요. 분해돼서 물과 이산화탄소가 남죠. 생물에서 얻은 원료를 사용해야만 생분해가 돼요. 바이오페트가 대표적이에요. 사탕수수 같은 식물에서 뽑아낸 원료로 만든 플라스틱이죠. 감자나 옥수수 등에서 뽑아낸 전분으로도 플라스틱을 만들 수 있어요. 그런데 문제가 하나 있어요. 가격이 비싸다는 점이에요. 모든 플라스틱 제품을 생분해성 플라스틱으로 당장 바꾸는 게 쉽지 않아요.

그래서 중요한 게 플라스틱 재활용이랍니다. 플라스틱은 함부로 버리지 말고 재활용 수거함에 분리배출을 해야 해요. 어떻게 하냐고요? 간단해요. 분리배출이 가능한 제품에는 재활용 마크가 붙어 있어요. 재활용 마크가 있는 쓰레기는 공공장소에서는 재활용 쓰레기함에 버리고 집에서는 따로 분리해서 버리면 돼요. 이물질이 묻어 있지 않게 잘 세척하고요.

깨끗이 접어서   이물질 없애서   라벨을 떼서   깨끗이 씻어서

깨끗이 접어서   내용물 비워서

내용물 비워서   깨끗이 씻어서

재활용 과정을 잘 들여다보면 그게 자연의 원리를 닮았다는 걸 알 수 있죠. 자연을 봐요. 모든 게 순환하고 다시 쓰이잖아요. 땅에 묻은 음식물은 분해돼서 거름이 되고요. 바닷물은 증발해 비가 되어 내리고 그 물을 마시면 오줌이 되어 나오죠. 오줌은 다시 거름이 되거나 바다로 흘러가고요. 이처럼 자연의 모든 것은 돌고 돌아요. 오랫동안 인류는 그런 자연의 질서에 맞춰 살아왔어요. 만약 지금까지 우리 조상들이 내다 버린 쓰레기가 썩지 않고 지구에 쌓여 있다고 상상해 봐요. 과연 지구상에 인류가 발붙일 땅이 남아 있을까요?

물건을 재활용하지 않고 계속 버리기만 한다면 지구는 썩지 않는 폐기물로 가득할 거예요. 수십 년 동안 버린 쓰레기만 해도 이렇게 바다에 가득한데 인간이 이런 행동을 수십 년, 수백 년 더 한다고 생각해 봐요. 우리 후손들은 지구를 떠나서 새로운 보금자리를 찾아야 할지도 몰라요.

재활용은 고물을 보물로 만드는 마술이에요. 그런 점에서 분리배출은 중요하지만, 분리배출만 잘한다고 재활용이 잘되는 건 아니라는 데 문제가 있어요. 아무리 분리배출을 열심히 해도 100퍼센트 재활용은 어렵거든요. 지난 65년 동안 사용한 플라스틱 가운데 재활용한 플라스틱이 얼마나 될까요? 사용된 플라스틱 중 다시 사용되는 비율은 9퍼센트에 불과해요. 그러니까 열에 하나만이 다시 사용됐어요. 12퍼센트는 불에 태워졌고, 79퍼센트는 땅에 묻혔어요. 재활용되지 못한 채 폐기되는 플라스틱 비율이 상당히 높죠?

플라스틱 제품은 다양한 재질로 만들어져요. 열에 약하고 잘 찌그러지는 폴리에틸렌테레프탈레이트(PET), 폴리에틸렌테레프탈레이트보다 단단한 폴리스티렌(PS), 비교적 열에 강한 폴리프로필렌(PP) 등이 있어요. 예를 들어 폴리에틸렌테레프탈레이트는 페트병이라고도 부르는 생수병, 폴리스티렌은 요구르트병, 폴리프로필렌은 뜨거운 음식을 담는 용기로 쓰여요. 재활용되려면 같은 재질끼리 모아야 하지만, 겉보기에 모두 비슷해요. 재활용 선별장에서 한눈에 분류하는 게 쉽지 않죠.

쓰레기를 일일이 확인하면 분류할 수 있지만, 그렇게 하나씩 확인하다 보면 작업 속도가 매우 느려지겠죠. 재활용 처리 업체 입장에선 분류 작업이 한도 끝도 없이 길어져 인건비도 건지기 힘들 거예요. 결국 대부분 불태워지거나 땅에 파묻히는 게 현실이랍니다.

우리나라의 상황은 어떨까요? 그린피스가 일상에서 흔히 사용하는 일회용 플라스틱 세 종류, '페트병, 플라스틱 컵, 비닐봉지'의 연간 소비량을 조사했어요. 그 결과 한국인 1인당 페트병은 96개, 플라스틱 컵은 65개, 비닐봉지는 460개를 쓰는 것으로 나타났어요. 1년에 이 세 종류만으로 각자 플라스틱 약 11.5킬로그램을 소비하는 거예요.

 또 다른 조사 결과에 따르면 한국의 1인당 플라스틱 쓰레기 배출량이 연간 44킬로그램으로 호주, 미국에 이어 영국과 함께 세계 3위를 차지했어요. 게다가 코로나19 바이러스 유행으로 배달, 포장 등이 증가해 일회용품 사용량도 늘었어요. 통계청과 환경부에 따르면 한국의 2020년 플라스틱 쓰레기 배출량은 전년보다 13.7퍼센트 증가했어요.

 우리나라 사람들이 플라스틱 사용을 더 많이 줄여야 할 것 같지 않나요? 컵이나 빨대 등 잠시 쓰고 버리는 일회용품의 사용을 삼가고, 다른 플라스틱 제품 사용도 줄이려고 노력해야 합니다. 실생활에서 실천할 수 있는 일들이 많이 있어요.

일회용 플라스틱 병이나 플라스틱 컵 대신 물병이나 텀블러를 가지고 다닐 수 있겠죠. 테이크아웃을 아웃시켜야 해요. 또 비닐봉지 대신 장바구니를 쓰고, 일회용 위생장갑 대신 그냥 손으로 나물을 무치고 비누로 깨끗이 씻으면 돼요. 우산 보관용 비닐 대신에 빗물을 잘 털고 우산꽂이에 넣어 두든지, 아니면 우산을 사면 딸려 오는 우산 주머니에 넣으면 좋겠죠. 빨대를 꼭 사용해야 할 상황이라면 플라스틱 빨대 대신 종이 빨대를 써요. 작은 실천이 모여 큰 변화를 만들어요.

사실 지금까지 우리나라는 소비자 개인에게 모든 책임을 떠넘겼어요. 예를 들어 분리배출의 부담을 소비자 개인에게 지웠다고 할 수 있어요. 이제는 생산자도 책임져야 하지 않을까요? 소

비자가 분리배출과 재활용에 힘쓰는 것도 중요하지만, 생산자가 상품을 만들 때부터 과대 포장을 하지 말고, 또 재활용하기 쉽도록 해야겠죠.

독일에선 페트병 하나를 만들 때도 뚜껑부터 몸통, 라벨까지 같은 재질을 써야 해요. 또 유럽의 몇몇 국가에서는 플라스틱 제품에 보증금을 부과하는 방안을 도입했거나 도입할 예정이에요. 이미 보증금 제도를 도입한 노르웨이는 플라스틱 병의 회수율이 97퍼센트에 달한다고 해요. 노르웨이의 슈퍼마켓에는 플라스틱 병을 넣으면 보증금을 돌려주는 기계가 설치되어 있어요.

각 나라에서는 플라스틱 사용 규제를 강화하고 있어요. 영국은 플라스틱 빨대와 면봉 사용을 금지했고, 뉴질랜드도 비닐봉지 사용을 금지했어요. 2025년에는 일회용 플라스틱 사용을 완전히 금지할 계획이라고 해요. 프랑스는 식당에서 일회용 플라스틱 식기, 음료 뚜껑, 스티로폼 용기 등 플라스틱 제품을 제공하면 안 돼요.

플라스틱은 석유로 만들어지는데, 석유는 무한하지 않아요. 세계에서 두 번째로 석유가 많이 묻혀 있는 사우디아라비아에 이런 격언이 있어요. "내 아버지는 낙타를 타고 다녔다. 나는 자동차를 몰았다. 내 아들은 제트 여객기를 타고 다닌다. 내 아들의 아들은 다시 낙타를 타고 다닐 것이다." 언젠가 석유가 바닥나면 지금 누리고 있는 풍요도 끝날 거라는 뜻이에요.

석유 같은 화석 연료만 유한한 게 아니에요. 지구의 모든 자원이 다 유한하죠. 그런데도 우리는 지금 당장 다 써 버릴 기세로 자원을 소비하고 있어요. 현재의 인류가 미래의 자원을 끌어다 쓰는 셈이랍니다. 자기 몫을 넘어서 미래 세대의 몫까지 마구 쓰고 있거든요. 흑인 인권 운동가 마틴 루터 킹 목사는 1967년 뉴욕 연설에서 "물건이 아닌 인간을 지향하는 사회로 나아갈 때입니다"라고 말했어요. 우리 시대에도 절실히 필요한 말이 아닐까요? 소비를 줄이는 문제는 마지막 장에서 다시 한 번 다룰게요.

2장

미세 먼지
동물들도 마스크 써야죠!

온몸 구석구석에 미세 먼지가!

물속에는 미세 플라스틱이 가득하다면 공기 중에는 미세 먼지가 가득해요. 미세 먼지는 우리 눈에 보이지 않을 만큼 아주 가늘고 작은 먼지 입자예요. 미세 플라스틱도 작지만, 미세 먼지가 훨씬 더 작아요.

모든 생물은 살아 있는 동안 멈추지 않고 호흡해요. 호흡은 숨을 마시고 내쉬는 걸 뜻하죠. 숨을 마실 때 산소를 흡수하고, 내쉴 때 이산화탄소를 내뱉어요.

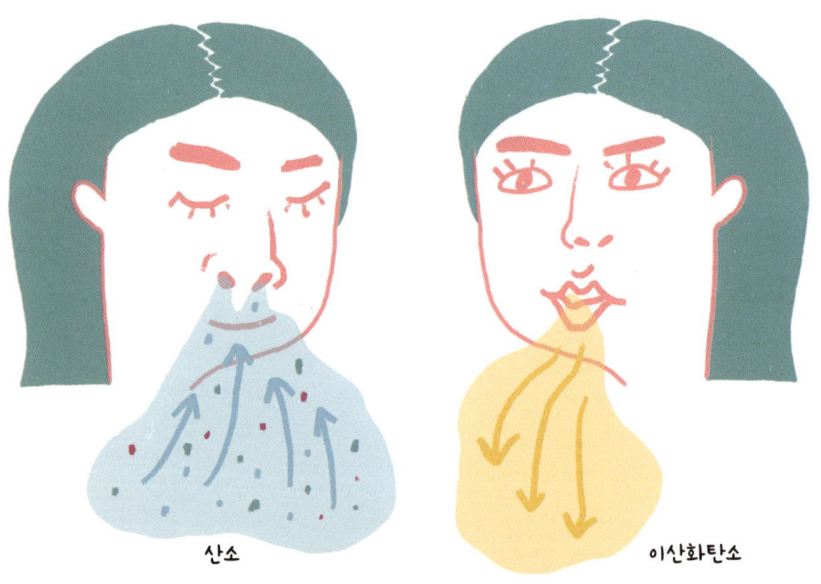

산소   이산화탄소

호흡하는 과정에서 공기에 포함돼 있는 오염 물질을 함께 들이마실 수밖에 없어요. 많은 오염 물질이 있지만, 가장 흔한 게 바로 미세 먼지예요. 아주 작은 먼지 알갱이라고 생각하면 되죠. 미세 먼지 알갱이는 눈에 보이지 않을 만큼 작아요. 그 작은 것들이 코를 통해 몸속으로 들어와서는 폐에서 핏줄로 옮겨 가는 거예요. 결국 혈관을 타고 몸 구석구석으로 퍼지게 돼요.

몸은 핏줄로 뒤덮여 있다고 해도 지나치지 않아요. 눈에 보이는 큰 핏줄 말고도 아주 작은 실핏줄이 온몸에 뻗어 있거든요. 우리 몸 전체에 피를 전달해 우리를 살아 있게 만드는 핏줄이 미세 먼지의 이동 통로가 되는 셈이에요.

"매일매일 집 안을 쓸고 닦는데도 먼지가 이렇게나 나오네. 도대체 이 많은 먼지는 어디서 날아온담?"

청소할 때면 자주 하는 말이에요. 사람들은 먼지 때문에 주변이 더러워지고, 눈이 뻑뻑해지고, 재채기가 나온다며 먼지를 나쁘게만 보는 것 같아요. 먼지를 떠올리면 정말 나쁜 기억밖에 없는 것 같죠?

놀랍게도 이런 먼지에도 좋은 점이 있다고 해요. 그게 뭐냐고요? 그 얘기를 하기 전에 먼저 먼지의 종류를 알아 둘 필요가 있어요.

사람들이 뭉뚱그려서 먼지라고 부르는 것에는 사막에서 날아온 흙먼지, 바다에서 생겨난 소금 입자, 식물의 꽃가루, 화산 폭발로 뿜어져 나오는 화산재, 매연, 화학 물질 등이 있어요.

이들 먼지를 크게 나누면 자연에서 생겨난 먼지와 사람이 만들어 낸 오염 먼지로 구분할 수 있죠.

사람이 배출한 오염 먼지와 달리 자연에서 생겨난 먼지에는 좋은 점이 있어요. 먼지에 좋은 점이 있다니 그게 과연 뭘까요?

땅에서 동물이 식물을 먹듯이 바다에선 물고기가 식물성 플랑크톤을 먹어요. 식물성 플랑크톤은 아주 작은 물속 식물이라고 생각하면 돼요. 그런데 식물성 플랑크톤이 잘 자라려면 바닷물에 철분 성분이 필요해요. 바다에 철분을 가져다주는 게 바로 흙먼지예요. 사막에서 발생한 흙먼지가 먼바다까지 날아가 철분을 뿌려 주죠. 전 세계 먼지 양의 80~90퍼센트를 차지하는 게 흙먼지랍니다.

하나만 더 얘기하자면 꽃가루도 중요해요. 꽃에 있는 수술의 꽃가루와 암술의 밑씨는 식물의 생식 세포예요. 우리가 먹는 과일, 야채, 곡물 등은 거의 대부분 꽃가루가 밑씨와 만나야 열매를 맺을 수 있어요. 고사리처럼 꽃이 피지 않고 홀씨로 번식하는 민꽃 식물도 있지만, 대부분은 꽃가루를 옮겨 열매를 맺는다고 생각하면 돼요. 꽃가루는 주로 바람, 곤충, 새 등에 실려 이동해요.

자연이 만들어 낸 먼지와는 달리 인간이 만들어 낸 오염 먼지는 여러 문제를 일으켜요. 사람들이 미세 먼지라고 부르는 아주 작은 먼지가 대표적이에요. 사실 미세 먼지는 인간이 만든 오염 먼지만을 가리키지는 않아요. 미세 먼지라는 말 자체는 아주 작은 먼지라는 뜻이거든요. 그렇지만 자연이 만든 먼지보다는 인간이 만든 오염 먼지가 미세 먼지에서 훨씬 더 큰 비중을 차지해요.

공장과 화력 발전소의 매연, 자동차의 배기가스, 자동차 타이어가 마모되면서 생기는 고무 먼지, 건설 현장의 날림 먼지, 소각장의 연기, 광산의 분진 등이 모두 미세 먼지에 속해요. 예를 들어 타이어가 마모되면서 생기는 고무 먼지를 볼까요? 타이어는 약 5만 킬로미터를 달리면 수명을 다해요. 이 거리를 달리는 동안 타이어의 10퍼센트 정도가 닳아서 없어져요. 그 10퍼센트가 바로 도로 위에 떨어지는 미세 먼지랍니다. 승용차는 대략 1~1.5킬로그램, 버스는 최대 10킬로그램 정도죠. 결국 자동차가 달리는 도로는 타이어를 잘게 갈아 마시는 곳인 셈이에요.

그런데 얼마나 작아야 미세 먼지라고 부를 수 있을까요? 미세 먼지는 '마이크로미터(㎛)'라는 단위로 나타내요. 1밀리미터를 같은 간격으로 1천 개로 나눴을 때 한 조각의 길이예요. 미세 먼지의 크기는 PM(Particulate Matter, 입자상 물질) 뒤에 숫자를 붙여 표현해요. 우리나라에서 미세 먼지(PM10)는 입자의 지름이 10마이크로미터 이하인 먼지, 초미세 먼지(PM2.5)는 지름이 2.5마이크로미터 이하인 먼지를 뜻해요. 하지만 이것이 국제적으로 널리 쓰이는 기준은 아니에요. 국제적으로는 2.5마이크로미터가 미세 먼지의 기준이고, '초미세'라는 말은 0.1마이크로미터 이하의 미세 먼지(PM0.1)를 가리킬 때 쓰거든요.

여러분이 글을 쓸 때 찍는 마침표 있죠? 문장 부호인 마침표의 지름이 대략 200마이크로미터라고 하면, 머리카락의 지름은 50~70마이크로미터, 꽃가루는 20~40마이크로미터 정도예요. 인간의 눈은 20~50마이크로미터까지 볼 수 있어요.

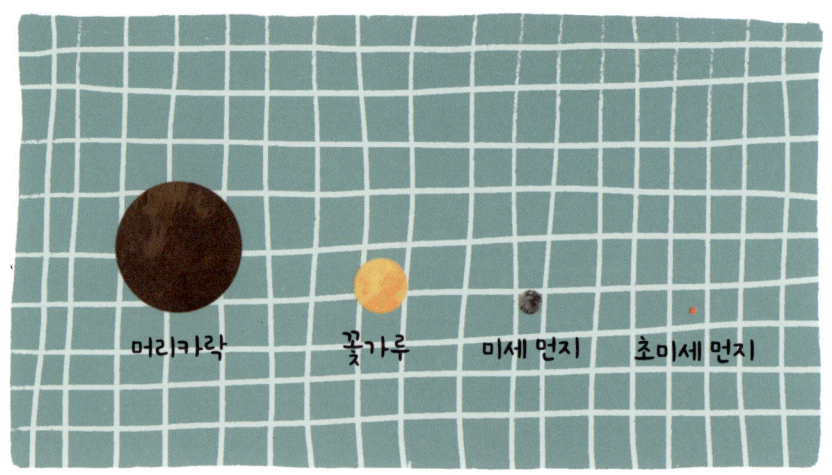

미세 먼지가 10마이크로미터 이하이면 눈에 안 보여야 할 텐데, 미세 먼지가 많은 날에 하늘이 뿌옇게 보이는 이유가 뭘까요? 미세 먼지 알갱이 하나하나는 볼 수 없지만, 알갱이에 부딪

쳐 사방으로 흩어지는 빛은 볼 수 있어요. 먼지 입자의 크기가 작을수록 빛의 산란이 심해져 하늘이 더 뿌옇게 보인답니다.

이렇게 생각하면 이해하기 쉬워요. 머리카락 한 올은 가까이에서는 잘 보이지만 2~3미터만 떨어져도 보이지 않잖아요. 그런데 머리카락이 수북이 쌓인 뭉치는 좀 멀어지더라도 잘 보이잖아요? 미세 먼지도 마찬가지예요. 적게 있으면 잘 보이지 않겠지만, 공기 중에 많을수록 더 잘 보일 테죠.

인간이 만든 오염 먼지는 고체 상태로 직접 배출되거나(1차 먼지), 기체 상태인 반응 물질로 배출돼요. 반응 물질은 공기 중 다른 물질과 화학 반응을 일으켜 오염 먼지가 되죠(2차 먼지). 2차 먼지라고 하니까 1차 먼지보다 더 적을 것 같나요? 미세 먼지가 고농도일 때는 2차 먼지가 1차 먼지보다 두세 배 더 많아요. 수도권에서는 2차 먼지가 전체 오염 먼지 중 3분의 2를 차지해요.

황산화물과 질소산화물 등이 대표적인 반응 물질이에요. 공장과 화력 발전소 등에서 연료를 태우고 나오는 이산화황은 대표적인 황산화물이고, 자동차에서 휘발유를 태우고 나오는 이산화질소는 대표적인 질소산화물이에요. 공장 굴뚝에서 나오는 이산화황은 공기 중의 수증기를 만나 황산이 되죠. 황산은 다시 공기 중의 암모니아 등과 만나 0.1마이크로미터 이하의 초미세 입자인 황산암모늄이 돼요. 결국 2차 먼지는 인간과 자연의 합작품이라고 볼 수 있어요. 수증기 자체는 오염 물질이 아니니까요.

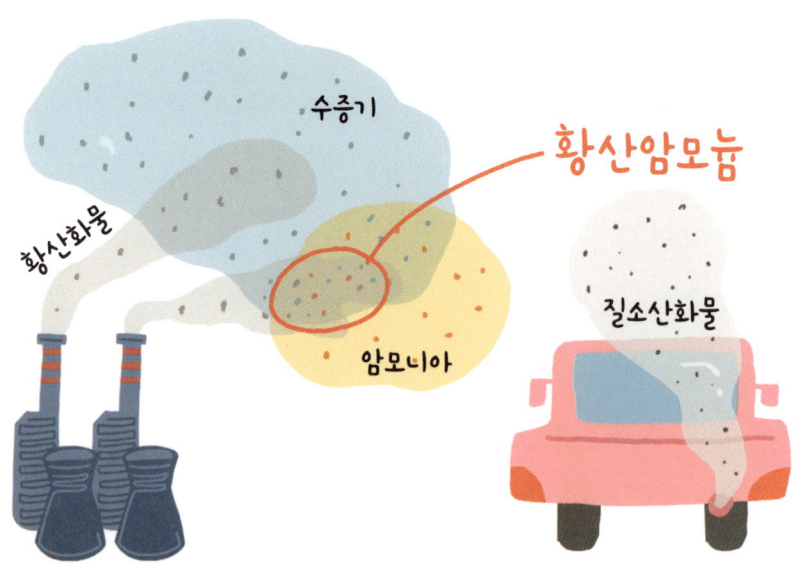

또 하나, 암모니아도 중요해요. 화장실에서 냄새를 풍기는 기체가 암모니아랍니다. 암모니아는 자동차 배기가스에 포함된 이산화질소와도 반응해 초미세 먼지를 만들어요. 암모니아야말로 미세 먼지를 키우는 주범이라고 할 수 있죠. 암모니아는 어디서 왔을까요? 가축을 키우는 축사, 논밭에 뿌린 비료, 공장 굴뚝 등에서 주로 나오죠.

몸에 얼마나 해로울까?

미세 먼지가 몸속으로 들어오는 경로는 크게 세 가지랍니다. 코, 눈, 피부죠. 코로 가장 많이 들어오고, 다음이 눈, 그리고 피부예요.

미세 먼지가 코로 들어오면 여러 안전장치가 막아 줘요. 먼저 코에서 10마이크로미터 이상의 먼지가 걸러져요. 코가 간질거려 재채기가 나오는 것은 몸 밖으로 먼지를 내보내는 반응이에요. 먼지가 코로 들어오면 코털과 점막에 의해 90퍼센트 이상 제거된다고 해요. 다음으로 목젖에서 기관까지 5~10마이크로미터 크기의 미세 먼지가 걸러지게 돼요. 마지막으로 2~5마이크로미터 크기의 미세 먼지가 폐에 있는 기관지에서 걸러지게 되죠.

문제는 아주아주 작은 초미세 먼지예요. 모든 거름망을 통과해서 몸속으로 들어오거든요. 기관지까지 통과한 미세 먼지는 폐 속에서 산소와 이산화탄소를 교환하는 폐포(허파 꽈리)의 얇은 막을 통과해 핏줄로 옮겨 가죠. 이제 몸속 어디로든 퍼져 나갈 수 있게 돼요. 크기가 작을수록 몸 깊숙이 파고들고 몸에서 내보내기도 어려워요.

몸속에 이물질이 들어오면 몸은 이물질과 맞서 싸워요. 그 과

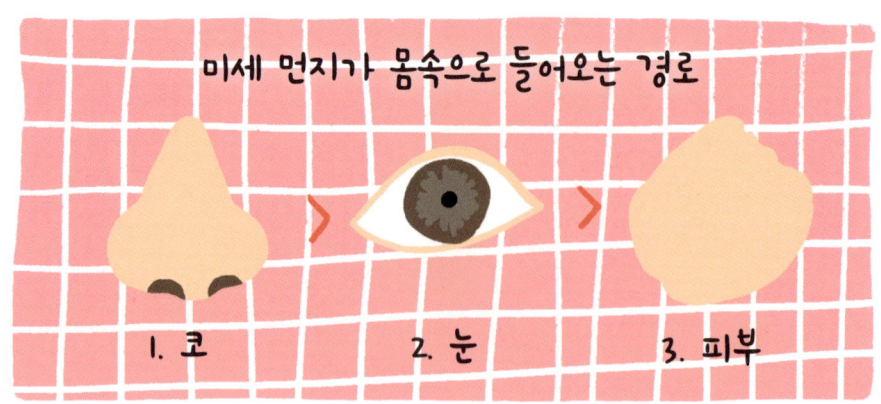

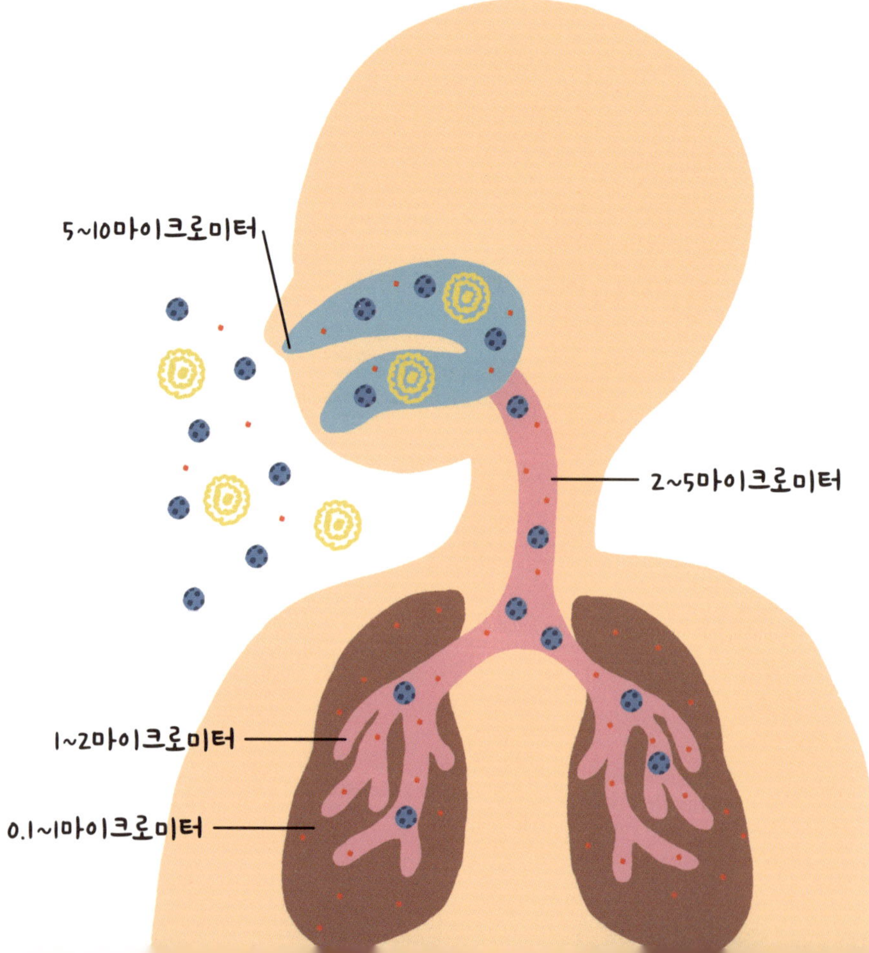

정에서 염증이 생겨나죠. 그런데 염증이 자주 일어나는 부위는 암이 생겨날 가능성이 높아요. 그래서 세계보건기구(WHO)는 2013년 미세 먼지를 1급 발암 물질로 분류했어요. 세계에서 매년 700만 명이 대기 오염으로 목숨을 잃는다고 해요.

미세 먼지로 인한 질환은 크게 심혈관 질환과 호흡기 질환으로 나눌 수 있어요. 심혈관 질환은 심장에 있는 핏줄에서 문제가 생기는 질병이에요. 호흡기 질환은 말 그대로 호흡하는 기관에서 문제가 생기는 질병이죠. 대표적인 질병으로 천식이 있어요. 천식에 걸리면 숨이 가쁘고 기침도 계속 나와요.

미국심장협회(AHA) 연구에 따르면, 미세 먼지 단기간 노출로 인한 초과 사망률은 심혈관 질환 68퍼센트, 호흡기 질환 12퍼센트로 나타났어요. 그러니까 심혈관 질환으로 죽은 100명당 68명과 호흡기 질환으로 죽은 100명당 12명은 미세 먼지에 노출되지 않았으면 죽지 않았을 거란 얘기예요.

미세 먼지는 피를 끈적끈적하게 만들어서 혈전이라는 핏덩이가 생겨나게 해요. 피가 굳어서 만들어진 핏덩이가 핏줄을 타고 떠돌아다니다가 심장에 있는 핏줄을 막으면 심장으로 흘러드는 피가 줄어들어요. 이때 심장 쪽에 극심한 통증이 발생하고, 심장이 멈추기도 하죠. 이를 협심증이라고 부른답니다. 핏덩이가 뇌에 있는 핏줄을 막으면 뇌졸중이 발생해요. 미세 먼지는 또 폐에 들러붙어 여러 폐 질환을 일으키기도 해요.

미세 먼지로 인한 증상과 질병

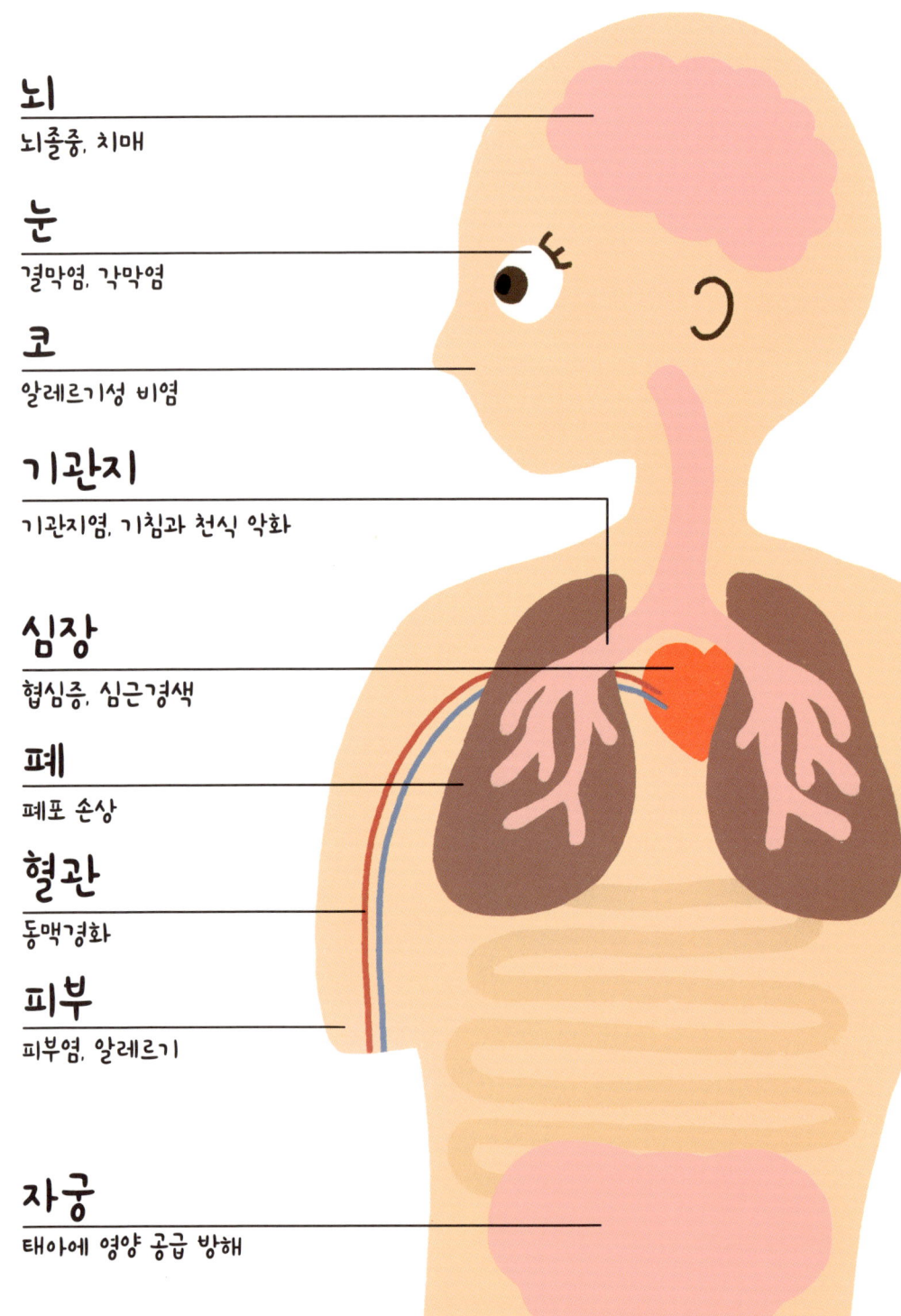

뇌
뇌졸중, 치매

눈
결막염, 각막염

코
알레르기성 비염

기관지
기관지염, 기침과 천식 악화

심장
협심증, 심근경색

폐
폐포 손상

혈관
동맥경화

피부
피부염, 알레르기

자궁
태아에 영양 공급 방해

어린이처럼 몸이 작으면 들이마시는 미세 먼지 양도 적을까요? 1분간 들이마시는 공기의 양은 어른과 어린이가 거의 비슷해요. 1회 호흡량은 어린이가 적지만, 어린이의 호흡 횟수가 성인보다 많기 때문에 실제로 폐에 들어오는 공기량은 거의 비슷하죠. 또, 어린이는 성인에 비해 면역력이 약하기 때문에 미세 먼지에 더 취약할 수밖에 없어요.

동물들도 미세 먼지 마스크 써야죠

　미세 먼지 탓에 하늘이 희뿌연 날엔 동물 친구들도 힘들어요. 사람들한테는 들리지 않겠지만, 동물 친구들은 "인간들아, 우리도 힘들다"라고 말하고 있어요. 미세 먼지는 동물들에게도 해롭기는 마찬가지거든요.

　미세 먼지가 심하면 가축들도 감기 같은 질병에 걸려요. 미세 먼지 자체도 나쁘지만 바람을 타고 날아온 미세 먼지에 세균이나 바이러스 등이 섞여 있기 때문이에요. 미세 먼지로 동물 친구들도 결막염, 각막염, 호흡기 질환, 피부 질환 등 각종 질환을 겪죠. 인간에게 생기는 질병이 똑같이 생기는 거예요. 또, 발달 저하와 번식률 감소로 이어지기도 해요.

　반려동물은 몸집이 사람보다 작더라도 몸집에 비해 많은 미세 먼지를 들이마셔요. 몸무게 1킬로그램당 공기 흡입량이 사람보다 더 많기 때문이에요. 사람이 1킬로그램당 5~10밀리리터의 공기를 들이마신다면 개나 고양이는 1킬로그램당 10~15밀리리터의 공기를 들이마시거든요. 개의 경우에 땅에다 코를 박고 냄새를 맡으며 다니기 때문에 땅에 내려앉은 먼지까지 들이마실 수 있어요. 또 털이나 발 등에 묻은 먼지를 핥아 먹기 때문에 미세 먼지에 더 취약하죠.

　그나마 실내에 사는 반려동물들은 형편이 낫다고 볼 수도 있어요. 외부 공기가 차단된 실내에 머무르면 미세 먼지를 덜 마실 수 있죠. 또 공기 청정기를 틀면 실내 미세 먼지 농도를 낮출 수도 있어요. 게다가 반려견을 위한 미세 먼지 마스크도 판매되고 있어요.

　축사에서 지내는 동물들도 그나마 형편이 나아요. 바깥 공기가 어느 정도 차단되어 미세 먼지 직격탄을 피할 수 있으니까요.

하지만 시장에서 판매되는 동물들, 야외 동물원에 갇혀 있는 동물들, 또 자연에서 살아가는 야생 동물들은 무방비 상태에 놓여 있어요. 특히 호흡량과 활동량이 많은 조류가 포유류보다 더 큰 피해를 보죠.

식물들도 어려움을 겪어요. 산호수, 관음죽, 아이비, 파키라 등 식물 중에는 미세 먼지를 줄여 주는 식물도 있지만, 모든 식물이 미세 먼지에 강한 건 아니에요. 잎 표면에 미세 먼지가 내려앉게 되면 공기가 들고 나는 기공이 막혀 광합성을 제대로 할 수 없거든요. 식물이 햇빛과 물, 이산화탄소를 결합해 영양분을 만드는 과정을 광합성이라고 불러요. 광합성을 못하면 식물은 쫄쫄 굶게 되는 거예요. 당연히 잘 자라기 힘들겠죠.

우리 몸에는 외부에서 들어오는 적을 막는 최전선 방어막이 있어요. 바로 점막이에요. 점막은 나쁜 균이나 바이러스, 먼지 등의 침투를 막아 냅니다. 그러기 위해서는 점막에 물기가 많아야 해요. 겨울철에 가습기를 트는 것도 그 때문이에요. 공기가 건조하면 물기가 날아가 점막이 제 기능을 못하거든요.

겨울철에 감기에 잘 걸리는 것도 그래서죠. 겨울철 감기는 추워서 걸린다기보다는 건조해서 걸리는 거랍니다. 겨울엔 공기가 건조한 탓에 점막이 마르면서 방어막의 기능이 떨어지거든요. 그래서 감기 바이러스가 점막에서 걸러지지 않고 몸속으로 들어올 가능성이 높아지죠. 여기에 기온까지 떨어지면 신체의 면역

력도 약해져서 감기에 더 쉽게 걸려요. 따라서 점막이 마르지 않도록 물을 자주 마시는 게 먼지 방어와 감기 예방에 좋답니다.

 가글과 양치질, 콧속을 깨끗이 씻는 것도 도움이 될 수 있어요. 입속과 콧속에 붙어 있는 미세 먼지를 물로 헹궈 없애는 거예요. 미세 먼지가 심한 날은 되도록 실내에 있는 게 좋아요. 외출 후에는 손과 얼굴을 잘 씻고 머리도 꼭 감아야 하고요. 집에 들어오기 전에 옷에 묻은 미세 먼지를 잘 털어 내야 실내 오염을 막을 수 있죠. 이때는 먼지를 마시지 않게 바람을 등지고 털어요. 이 모든 예방 수칙은 반려동물은 물론 모든 동물에게 해당되는 얘기예요.

○미세 먼지가 심할 때 생활 수칙○

1. 장시간 실외 활동 자제하기
2. 외출할 때 식약처에서 인증한 보건용 마스크 착용하기
3. 외출 후 손과 얼굴 깨끗이 씻기
4. 충분한 수분 섭취하기
5. 과일과 채소 충분히 씻어 먹기
6. 창문을 닫아 외부의 미세 먼지 유입 차단하기

미세 먼지는 어느 한 나라만의 문제가 아니야

사람들이 미세 먼지를 얘기할 때 가장 많이 언급하는 것 중 하나가 중국이에요. 흔히 '중국발(發)'이라는 말을 쓰죠. 중국에서 왔다는 뜻이에요. 실제로 미세 먼지가 중국에서 많이 날아오는 건 맞아요. 1년 내내 큰 영향을 미치는 건 아니고, 때에 따라 차이가 크죠. 중국의 영향이 얼마나 되는지에 대해서는 연구자나 연구 기관마다 평가가 달라요. 정부 기관은 중국의 영향을 평상시에는 30~50퍼센트, 미세 먼지가 심한 날에는 60~80퍼센트 정도로 봐요.

중국 쪽에서 한국으로 바람이 많이 부는 시기에 특히 영향이 커요. 한반도에 부는 바람의 방향은 계절마다 달라지는데, 봄과 겨울에는 주로 대륙 쪽에서 바람이 불어와요. 결국 서쪽에서 불어오는 바람의 영향으로 미세 먼지가 심한 날이 많아졌어요.

문제는 중국에서 직접 날아오는 미세 먼지만이 아니에요. 중국에서 날아오는 오염 물질은 기체 상태로 배출되는 국내의 오염 물질과 결합해 2차 먼지를 만들어 내거든요. 이렇게 만들어진 2차 먼지가 고농도 미세 먼지의 주된 원인이 되고 있어요.

한국으로 날아오는 미세 먼지의 출발지가 전부 중국인 건 아니에요. 중국 못지않은 오염 발생지로 북한이 있죠. 북한의 에너지 소비량은 남한의 25분의 1에 불과하지만, 미세 먼지 배출량은 남한보다 두 배 이상 많아요. 에너지 소비가 적은데도 미세 먼지가 왜 그렇게 많냐고요? 장작을 많이 때고 석탄을 많이 쓰기 때문이에요. 특히 1990년대 이후 석탄 생산량이 줄어들면서 나무를 땔감으로 많이 사용하게 됐어요.

이처럼 환경 문제는 서로 연결돼 있어요. 이웃 나라의 문제가 그 나라만의 문제가 아니라 우리나라의 문제가 될 수 있고, 반대로 우리나라의 문제 역시 이웃 나라의 문제가 될 수 있어요. 일본 후쿠시마의 원자력 발전소가 대표적이죠. 원자력 발전소에서 사고가 난 지 10년이 지났지만, 여전히 방사능 오염수와 방사능 오염 농수산물이 문제가 되고 있잖아요. 일본 정부는 100만 톤이 넘는 어마어마한 양의 방사능 오염수를 바다에 버리기로 결정했어요. 그러면 태평양 주변 국가들의 생태계가 피해를 입을 거예요.

중국, 북한 등 국외 요인이 한반도의 미세 먼지 농도에 영향을 미치는 건 분명해요. 그러나 국외 요인만 있는 건 아니에요. 중국 탓만 할 순 없단 뜻이에요. 피스메이커(peacemaker)라는 게 있어요. 피스메이커란 갈등이 벌어졌을 때 갈등을 끝내려고 중간에서 애쓰는 중재자를 뜻해요. 그런데 상담학에서는 피스메이

커가 다른 의미로 쓰인다고 해요. 가정이나 직장에서 갈등을 잠재우기 위해 모든 덤터기를 뒤집어쓰는 사람을 피스메이커라고 부른다죠(『저도 과학은 어렵습니다만 2』 참고). 미세 먼지와 관련해서 중국은 한국에게 만만한 피스메이커 아닐까요?

피스메이커를 열심히 비난하면 마음이야 편하겠죠. 미세 먼지 증가가 우리 잘못이 아니라고 위안을 삼을 수 있을 테니까요. 문제는 그렇게 아무리 떠들어 봤자 아무것도 달라지지 않는다는 점이에요. 중국 탓만 해서는 상황이 나아지기는커녕 더욱 나빠질지 몰라요. 남 탓만 하다 보면 국내에서 발생하는 미세 먼지는 눈감게 될 테니까요. 중국은 지난 5년 동안 30퍼센트 가까이 오염 물질을 줄였다고 해요. 중국에서 날아오는 미세 먼지의 영향이 그렇게 크다면 한국 미세 먼지도 30퍼센트까진 아니더라도 비슷하게 줄어들어야 하지 않을까요?

우리가 놓치지 말아야 할 게 있어요. 먼저, 중국 미세 먼지가 국내 오염 물질을 자극해 2차 먼지를 만들어 낸다 해도 국내 오염 물질이 없었다면 그런 일이 일어나지 않는다는 사실이에요. 다음으로, 겨울철에 미세 먼지가 심한 이유는 중국에서 불어오는 바람 때문만이 아니에요. 겨울철 미세 먼지는 대기 정체와 밀접한 관련이 있어요. 대기 정체란 공기가 순환하지 않고 한곳에 머물러 있는 상태를 가리키죠. 겨울철은 여름철보다 대기 정체가 잦은 편입니다. 그래서 미세 먼지가 계속 쌓이는 날이 많

아요.

　여름철에는 더운 공기가 대기권 상층부로 올라가고 차가워진 공기는 다시 아래로 내려와요. 사우나를 예로 들자면 뜨거운 사우나 안에 서 있다가 갑자기 앉았을 때 약간 시원한 느낌이 들죠. 이는 상대적으로 찬 공기가 아래쪽으로 내려가는 성질 때문이에요. 뜨거운 공기는 위로, 찬 공기는 아래로 이동하죠. 이렇게 공기가 위아래로 순환하게 되면 미세 먼지가 한곳에 머물지 않고 대기로 퍼지게 돼요.

　반면 겨울철에는 반대 현상이 생기곤 해요. 일반적으로 하늘 높이 올라갈수록 기온이 낮아져요. 겨울철에도 땅이 낮에는 햇빛을 받아 따뜻해지는데, 해가 지면 급속도로 식게 돼요. 그렇게 되면 땅이 상층 공기보다 더 차가워져 기온 역전이 일어납니다. 기온 역전이란 하늘 높이 올라갈수록 기온이 떨어지는 게 아니라 반대로 기온이 올라가는 현상이에요. 이렇게 기온 역전이 일어난 부분을 '역전층'이라고 불러요. 문제는 역전층이 형성되면 공기가 위아래로 순환하지 않고 정체된다는 거예요.

　이미 위쪽에 뜨거운 공기가 자리 잡고 있어서 아래쪽 공기가 뜨거워져도 위로 올라가지 못하고, 마찬가지로 아래쪽에 차가운 공기가 자리 잡고 있어서 차가워진 공기가 생겨도 아래로 내려가지 못하죠. 결국 공기가 위아래로 이동하지 못하고 갇히게 되는 거예요. 공장이나 발전소 등에서 내뿜는 미세 먼지가 계속 쌓이고, 여기에 난방이나 자동차 등에서 발생한 미세 먼지가 더해지죠. 또, 국외에서 들어온 미세 먼지까지 합쳐져서 미세 먼지 농도는 급격히 나빠집니다.

기온 역전층에 갇힌 미세 먼지는 이렇게 이해하면 돼요. 방문과 창문을 다 닫아 놓고 집 안에서 바비큐 파티를 한다고 생각해 봐요. 연기가 빠져나가지 못해서 온 집안이 금세 연기로 가득해질걸요. 기온 역전층은 눈에 보이진 않지만 하늘에 거대한 장벽이 둘러쳐진 걸로 이해할 수 있어요. 보이지 않는 벽 때문에 공기가 갇혀 있는 상태라고 볼 수 있죠.

겨울철에 고농도 미세 먼지가 발생하는 날은 대개 역전층이 있을 때라고 생각하면 돼요. 최악의 피해를 남긴 대기 오염 사건인 '런던 스모그'도 역전층이 형성됐을 때 발생했어요. 1952년 12월 5일부터 닷새 동안 런던은 짙은 안개로 뒤덮였어요. 연기

(smoke)와 안개(fog)가 결합한 스모그(smog) 현상이었어요. 닷새 동안의 스모그로 인해 1952년 겨울에만 모두 1만 2000명이 사망하고 말았어요.

미세 먼지, 나빠지는 걸까? 아니면 좋아지는 걸까?

미세 먼지가 갈수록 나빠지는 걸까요? 해마다 미세 먼지 보도가 늘어나는 걸 보면 그런 것 같기도 하죠. 2014년 질병관리본부가 설문 조사를 해 보니, '최근 미세 먼지 오염이 급격하게 악화됐다'는 응답이 87.7퍼센트나 됐어요. 10년 전과 비교해서 어떤지 묻는 질문에도 나빠졌다는 의견이 80.4퍼센트에 달했죠.

1980년대 한국의 대기는 어땠을 것 같아요? 지금보다 좋았을까요? 1988 서울올림픽 개최가 결정되자 외국에서는 서울의 대기 오염이 심각해 경기에 지장을 줄지 모른다는 우려가 제기됐어요. 심지어 일본에 숙소를 잡고 한국으로 원정 경기를 오겠다는 얘기까지 나왔어요. 그래서 등장한 제도가 차량 2부제입니다. 차량 번호 끝자리가 홀수인 차량은 홀수 일에만, 짝수인 차량은 짝수 일에만 자동차를 운행하도록 하는 제도예요.

못사는 나라가 잘살기 위해서 경제 개발에 힘쓸수록 대기는 나빠지기 마련이에요. 경제 활동에 필요한 막대한 에너지원을 주로 석탄 등에 의존하기 때문이죠. 전기를 만드는 걸 발전(發電)이라고 부르는데, 석탄이나 석유 등을 태워서 전기를 만드는 화력 발전이 다른 발전에 비해 싸거든요. 그런데 석탄을 태울 때

많은 오염 물질이 발생하죠. 한국도 급격한 경제 성장의 대가로 극심한 대기 오염을 겪어야 했어요. 결국 경제 성장과 맑은 하늘을 맞바꾼 셈이죠.

미세 먼지(PM10) 측정은 1995년부터 시작됐는데 2002년 이후 10여 년 동안 꾸준히 미세 먼지 농도가 줄어들었어요. 자동차 배기가스를 규제하고 미세 먼지를 줄이는 연료 정책을 펼친 덕분이었죠.

오른쪽의 서울시 미세 먼지 농도 그래프를 보면 2012년부터 감소세가 거의 멈추긴 했지만 미세 먼지 농도는 2016년도에 높아졌다 2013년 이후로는 대체로 비슷한 수준을 보이고 있어요. 그런데 최근 몇 년 사이에 미세 먼지 농도가 무척 높아졌다고 느끼는 이유가 뭘까요?

첫째로 세계보건기구(WHO)가 미세 먼지를 '1군 발암 물질'로 지정하면서 미세 먼지가 건강에 미치는 영향에 대한 연구가 활발하게 이뤄지고 관련 보도가 증가했어요. 세계보건기구는 발암 물질을 1군, 2A군, 2B군 등으로 나누는데, 1군이 가장 위험하다고 보면 돼요. 1군 발암 물질에는 담배, 벤젠, 석면, 카드뮴 등이 포함돼요.

더욱이 미세 먼지 예보제가 2013년에 시범 시행되고 2014년부터 본격 시행되자 날씨 정보처럼 날마다 미세 먼지 정보를 접하면서 미세 먼지에 대한 사람들의 관심도 커졌어요. 그에 따라

서울시 2002~2017 PM10, PM2.5 농도

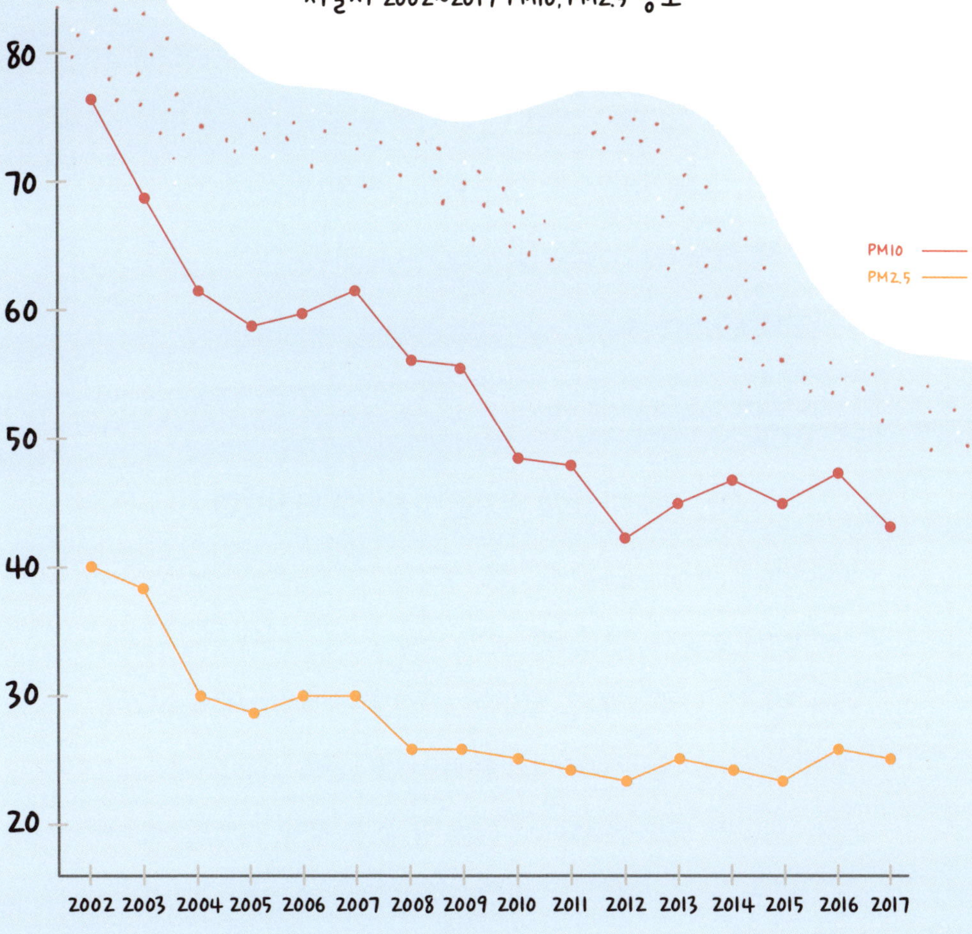

PM10
PM2.5

언론의 보도량이 급격하게 늘어났죠.

연도별 미세 먼지 뉴스 보도량은 2012년 113건에서 2013년 2813건으로 20배 넘게 증가한 뒤에 2016년 1만 6317건, 2018년 3만 2659건으로 크게 늘어났어요. 언론이 어떤 문제를 많이 다룰수록 해당 문제에 대한 사람들의 관심도 커지게 되죠. 그리고 그 문제가 자신의 안전이나 건강에 밀접한 영향을 미친다고 생각할수록 불안감도 커지게 됩니다.

둘째로 특정한 연도에 초미세 먼지(PM2.5) 주의보 발령 횟수가 늘어났다는 점이에요. 2015년 173회, 2016년 90회, 2017년 128회, 2018년 315회, 2019년 590회였어요. 즉, 연평균 미세 먼지 농도가 크게 나빠지지 않더라도, 미세 먼지 주의보가 자주 발령될수록 사람들은 미세 먼지 문제가 더 나빠지고 있다고 생각하게 되죠.

○전 세계가 미세 먼지로 고통받고 있어요○

미세 먼지는 한국과 중국에서만 유독 심각한 게 아니에요. 2018년 세계보건기구가 미세 먼지로 인한 조기 사망자 수를 발표했는데, 한국만 미세 먼지가 나쁠 거라고 생각한 사람들은 세계보건기구의 발표에 적잖이 놀랐어요. 한국은 138개국 중에서 나쁜 순서로 33위였거든요. 사망자 수는 1만 5825명이었어요. 중국이 약 115만 명으로 1위였고, 인도가

108만 명으로 2위였어요. 미세 먼지 상황이 한국보다 나을 거라고 생각한 독일, 이탈리아, 영국도 각각 3만 7085명, 2만 8924명, 2만 1135명 등으로 나타났어요.

이는 각국의 인구수를 감안하지 않은 절대 수치이고, 조기 사망자를 각국의 인구수로 나누면 순위가 또 달라지죠. 인구 10만 명당 조기 사망자를 계산해 보면 핀란드, 스웨덴, 캐나다 등이 7명으로 가장 적어요. 그다음이 호주 8명, 노르웨이 9명 순이었고, 한국은 18명으로 좋은 순서로 27위였어요. 결론적으로 한국이 유독 심각하다고 보긴 어려운 거예요.

국립환경과학원은 국내 미세 먼지의 원인을 찾기 위해 미국 항공우주국(NASA)과 함께 조사를 벌이기도 했어요. 2016년 5월부터 6월까지 6주 동안 국립환경과학원과 미국 항공우주국 연구팀은 '국내 대기질 공동 연구'를 진행하고 2017년 7월 조사 결과를 발표했죠. 조사한 기간만 놓고 보면 미세 먼지의 원인은 국내 요인 52퍼센트, 중국발 34퍼센트로 분석됐어요.

그런데 더 놀라운 것은 6주간 수집한 데이터를 분석한 결과, 국내 초미세 먼지의 75퍼센트 이상이 2차 생성 초미세 먼지였다는 점이에요. 보고서에는 "2차 미세 먼지 생성에는 지역 내 오염원이 지배적인 기여를 한다는 것을 알 수 있다"라고 나와 있어요. '지역 내 오염원'은 바로 국내에 있는 오염 근원을 말하는 거예요. 공장, 자동차 등을 가리키죠.

보고서는 여기에 덧붙여 "휘발성 유기 화합물, 질소산화물, 아황산 가스, 암모니아 배출을 줄이는 것이 PM2.5 감축에 도움이 될 것이다"라고 조언해요. 쉽게 말해 국내에서 발생하는 여러 오염 물질을 줄여야 2차 먼지의 농도도 낮출 수 있다는 뜻이에요. 2013년부터 2017년 사이에는 대기 정체 현상이 늘어났어요. 공기가 정체하면서 미세 먼지도 흩어지지 않고 쌓인 거죠. 아마도 지구 온난화의 영향으로 보여요.

우리나라에서는 미세 먼지를 줄이기 위해 고농도 미세 먼지가 자주 발생하는 12월에서 3월까지 '미세 먼지 계절 관리제'를 집중적으로 시행했어요. 저공해 조치를 하지 않은 배출 가스 5등급 차량은 수도권에서의 운행을 제한하고, 석탄 화력 발전 가동 정지, 논과 밭두렁 태우기 단속 등을 하는 거예요. 환경부에 따르면 2020년 12월부터 2021년 3월까지 2차 계절 관리제 기간 동안 전국 초미세 먼지 평균 농도는 최근 3년 대비 16퍼센트 가량 개선됐고 '나쁨' 일수는 33일에서 20일로 줄어든 것으로 나타났어요.

덮어놓고 중국 탓만 하지 말고, 우리 스스로 어떻게 노력할지 고민하다 보면 미세 먼지 문제는 점차 좋아질 거예요.

미세 먼지를 어떻게 줄일까?

앞서 소개했듯이 2016년 국립환경과학원과 미국 항공우주국이 공동으로 조사한 연구 보고서에 따르면 미세 먼지 발생 원인은 국내 요인 52퍼센트, 국외 요인 48퍼센트로 나타났어요. 2019년 발표된 한·중·일 공동 연구 결과도 비슷했어요. 국립환경과학원이 2019년 발표한 〈동북아 장거리 이동 대기 오염물질 국제공동연구〉 보고서에 의하면, 우리나라의 초미세 먼지는 국내 요인이 51퍼센트로 조사됐어요. 49퍼센트가 국외 요인이었죠.

다른 나라에서 발생하는 미세 먼지는 우리가 통제하기 어려운 문제예요. 장기적으로 주변 나라들과 협력해야겠지만, 당장 우리가 어떻게 할 수 없는 영역이죠. 따라서 우선은 국내에서 발생하는 미세 먼지를 줄이는 데 힘을 모아야 해요.

미세 먼지를 줄이려면 어떻게 해야 할까요? 도시에 숲을 가꾸면 미세 먼지를 줄이는 데 효과적이에요. 국립산림과학원 연구에 따르면 숲이 PM10을 25.6퍼센트, PM2.5를 40.9퍼센트까지 줄여 준다고 해요. 미세 먼지가 나뭇잎에 달라붙거나 잎 뒷면 기공 속으로 흡수되기 때문이에요. 도시 숲은 도시의 허파와 같아요. 그러나 이런 방법은 근본적인 해결책이 되지 못하죠. 나무를 아무리 심어도 미세 먼지가 많이 배출되면 감당이 안 됩니다.

산업계는 국내 미세 먼지 배출량의 41퍼센트를 차지해요. 특히 정유, 석유 화학, 제철, 시멘트 등의 대형 사업장이 주요 배출원이에요. 미세 먼지의 원인 물질인 질소산화물을 많이 배출하거든요. 근본적으로 배출량을 줄여야 해요. 대기 오염 방지 시설을 설치하고 미세 먼지 배출에 대한 철저한 관리와 감독이 필요해요. 가장 중요한 것은 소비를 줄여서 산업 생산 자체를 줄이는 거예요. 이 문제는 뒤에서 더 자세히 설명해 줄게요.

화력 발전소도 중요해요. 특히 석탄 화력 발전이 문제죠. 국내 미세 먼지 배출량의 12퍼센트를 차지하거든요. 오염 물질을 많이 배출하는 석탄 화력 발전소가 2021년 현재 58기나 가동 중이에요. 특히 오래되고 낡은 석탄 화력 발전소가 미세

먼지를 많이 내뿜고 있어요. 유럽에서도 오염 물질을 가장 많이 배출하는 30곳 중 26곳이 발전소라고 해요.

석탄 화력 발전소는 미세 먼지뿐만 아니라 수은, 카드뮴 같은 유해 중금속도 다량 배출해 건강을 해쳐요. 그래서 전 세계적으로 폐쇄를 서두르고 있답니다. 물론 뒤에서 살펴볼 온실가스도 중요한 이유일 테죠. 석탄 화력 발전 퇴출 시한을 프랑스는 2022년, 영국은 2024년, 이탈리아는 2025년 등으로 잡고 있답니다.

반면 우리나라는 2020년 1~9월 석탄 화력 발전으로 생산한 국내 전력량이 전체 전력 생산량 중 36.8퍼센트를 차지해 비중이 가장 컸어요. 미세 먼지를 거의 배출하지 않는 풍력, 태양광 등의 재생 에너지는 6.8퍼센트에 불과했어요.

석탄 화력 발전소는 왜 많을까요? 같은 양의 전력을 만들 때 드는 비용이 원자력에 이어 가장 저렴하기 때문이죠. 전력 소비량은 해마다 늘어나는데, 전기를 싸게 공급하려다 보니까 석탄 화력 발전을 계속 확대해 왔답니다. 사실 석탄을 구입하는 비용만 보면 저렴한 게 사실입니다. 그러나 미세 먼지와 온실가스 등으로 인한 피해를 돈으로 계산하면 석탄 화력 발전은 결코 싸지 않답니다.

자동차도 미세 먼지를 발생시키는 원인이에요. 2020년 12월 기준 우리나라의 자동차 등록 대수는 2437만 대에 달하죠. 승용

차의 사용을 줄이고 대중교통을 이용해야 합니다. 이뿐만 아니라 석유를 이용하는 차보다는 전기 자동차나 수소 자동차를 타고 다닐 필요가 있어요. 석유 차 중에서도 경유를 연료로 사용하는 차는 오염 물질을 아주 많이 배출해요.

세계 각국은 석유나 가스를 태워서 움직이는 내연 기관 차량에 대한 퇴출 시한을 정해 놓고 부지런히 움직이고 있어요. 각국이 선언한 내연 기관 차 판매 금지 시점은 노르웨이가 2025년, 인도와 영국, 네덜란드가 2030년, 미국 캘리포니아주가 2035년, 프랑스가 2040년이에요. 주요 자동차 회사들 역시 내연 기관, 특히 경유 차 생산을 줄이고, 친환경 차의 개발과 생산에 힘쓰고 있어요.

미세 먼지가 싫다면 석탄을 끄고 햇빛을 켜야 해요. 흔히 신재생 에너지라고 말하는 분야죠. 신재생 에너지는 신에너지와 재생 에너지를 합친 말이에요. 신에너지는 수소 에너지, 연료 전지, 석탄 액화 가스화 등 3개 분야를, 재생 에너지는 태양광, 태양열, 바이오, 풍력, 수력, 지열, 해양, 폐기물 등 8개 분야를 아우른답니다.

그린피스 같은 환경 단체에서는 '신재생 에너지' 말고 '재생 에

재생 에너지의 종류

너지'라는 표현만 쓰죠. 그 이유는 신에너지에는 석탄 액화 가스화처럼 석탄이나 석유 같은 기존의 화석 연료를 이용한 에너지가 여전히 포함되기 때문이에요. 반면 재생 에너지는 화석 연료를 배제하고 철저히 재생 가능한 에너지만을 가리키죠. 여기서 재생은 한 번 사용하고 나서도 다시 자연 과정에 의해 사용한 만큼의 양이 재생된다는 뜻이랍니다.

재생 에너지가 화석 연료의 뒤를 이을 새로운 에너지원처럼 말들 하죠. 하지만 사실 재생 에너지는 새로운 에너지원이 아닙니다. 인류가 수백 년 동안 집중적으로 화석 연료를 쓰기 전에는 태양과 바람과 물 같은 자연 에너지에 의지해 살았으니까요. 우리 선조들만 해도 물을 이용해 물레방아를 돌려 곡식을 빻았어요. 네덜란드 사람들은 바람을 이용해 풍차를 돌려 곡식을 빻고 물을 끌어올렸죠.

인류는 수천, 수만 년 동안 자연 에너지에 의지해 살아왔습니다. 화석 연료에 의존했던 산업화 시대는 인류사에서 오직 한 번뿐인 예외적 시기였어요. 인류 역사 전체를 놓고 봤을 때 극히 짧은 기간이에요. 사회 비평가 제임스 쿤슬러는 『장기 비상시대』에서 이를 '비정상적' 시기로 규정했죠. 인류는 이제 원래 상태, 즉 정상 상태로 되돌아가는 건지도 모르겠어요.

우리나라는 2030년까지 재생 에너지 발전량 비중을 20퍼센트까지 늘리는 것이 목표예요. 독일의 목표가 65퍼센트인 것

과는 차이가 크죠. 우리나라는 제조업 비중이 높아서 이 목표를 달성할 수 있을지 아직 몰라요. 목표치를 달성하고, 나아가 미세 먼지를 근본적으로 줄이려면 산업, 전력 생산, 교통 이용 방식 전반에서 큰 변화가 필요해 보여요. 모두가 함께 노력해야 가능한 일이죠.

3장

지구 온난화
동물들도 덥다고요!

지구가 펄펄 끓어요!

태양계에는 지구 말고도 금성, 화성, 목성, 토성 등의 행성이 있어요. 그중에서 금성은 생명이 살 수 없는 불구덩이 행성이에요. 금성의 표면은 납을 녹일 정도로 뜨거워요. 평균 기온이 섭씨 460도에 달하죠. 대기를 가득 채운 이산화탄소로 '온실 효과'가 일어나기 때문이에요. 금성은 대기의 96퍼센트가 이산화탄소예요. 두꺼운 이산화탄소 대기는 열기를 가두는 역할을 해요. 태양 에너지로 뜨거워진 지표면의 열이 우주로 빠져나가지 못하고 계속 갇혀 있어 기온이 올라가는 거예요. 2021년, 미국 항공우주국은 2030년 전후로 금성 탐사에 다시 나설 것이라 발표했어요. 금성의 지형과 대기 조성을 살피며 지구 온난화 해결의 실마리를 찾을 수 있을까 기대하고 있답니다.

지구가 갈수록 더워지고 있다는 사실을 알고 있나요? 이를 '지구 온난화'라고 부르죠. 이산화탄소를 비롯한 메탄, 아산화질소 등 '온실가스'의 양이 늘어나서 생긴 현상이에요. 온실가스는 지구를 둘러싸고 있는 기체예요. 이산화탄소는 기후 변화를 일으키는 대표적인 온실가스예요.

비닐하우스 같은 온실에 들어가 보면 겨울에도 따뜻해요. 투

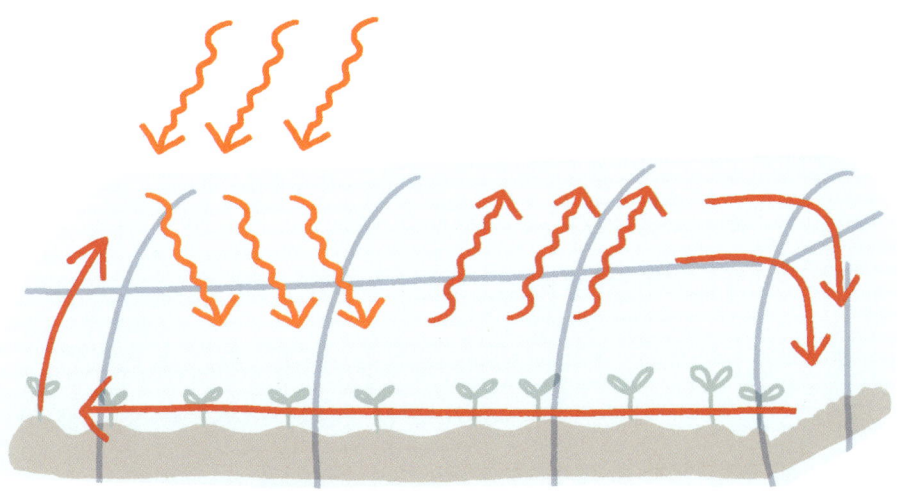

명한 비닐이나 유리를 통과해 들어온 햇볕이 온실 내부를 따뜻하게 데우고, 그 온기를 비닐이나 유리가 가둬 두기 때문이에요. 온실가스 역시 온실의 비닐이나 유리와 비슷한 역할을 하죠. 온실가스가 햇볕에 달구어진 지구 표면에서 나오는 열에너지를 흡수하거든요. 이런 과정을 통해 지구는 일정한 기온을 유지해요. 온실가스가 없다면 지구는 평균 기온이 영하 18~20도로 떨어져 생명이 살기 어렵게 된다고 해요. 그런 점에서 온실가스는 지구를 따뜻하게 덮어 주는 담요와 같아요.

이산화탄소는 식물의 광합성에도 꼭 필요해요. 식물은 햇빛과 물, 이산화탄소를 먹고 쑥쑥 자라죠. 이처럼 이산화탄소도 지구에 없어선 안 될 중요한 기체랍니다.

그렇다면 이산화탄소는 왜 문제가 될까요? 문제는 양이에요.

이산화탄소가 조금만 많아져도 지구가 더워지고 기후가 불안정해지거든요.

18세기 후반부터 100여 년 동안 유럽을 중심으로 소규모 작업장이 기계 설비를 갖춘 큰 공장으로 바뀌었는데, 이로 인해 지금과 같은 자본주의 시장 경제가 뿌리내렸어요. 이를 '산업 혁명'이라고 불러요. 산업 혁명 이후로 공장과 기계가 대폭 늘어났어요. 늘어난 공장과 기계를 가동하기 위해 석탄, 석유, 가스 등 화석 연료를 많이 태우면서 엄청난 양의 이산화탄소가 발생했어요.

대기 중 이산화탄소는 산업 혁명 전보다 40퍼센트 이상 늘어났어요. 지구 평균 기온은 1.09도 올랐죠. 만약 지금과 같이 이산화탄소를 비롯한 온실가스 배출 추세가 이어진다면 2040년 안에 기온이 1.5도 오를 전망이에요. 산업화 이전에 50년에 한 번꼴로 일어났던 폭염 현상이 1.5도 상승 시에는 8.6배나 잦아질 거예요. 1.5~2도 상승 시에는 2050년까지 동식물의 20~30퍼센트가 사라질 것으로 전망하죠.

여름과 겨울의 기온 차이를 떠올리면 지구의 평균 기온이 1~2도 올라가도 인간은 별문제 없이 적응해 살 수 있을 거라고 생각할지 몰라요. 그러나 그렇게 쉽게 생각할 문제가 결코 아니에요. 체온을 생각해 보면 이해가 쉽죠. 체온이 2~3도만 올라가도 온몸이 불덩이가 되잖아요. 지구는 거대한 몸이라고 할 수 있어요. 지구 평균 기온이 올라가는 건 체온이 40도가 넘는 것과 같죠.

지구 평균 기온이 몇 도만 올라가도 지구가 불덩이로 변한다고 생각하면 돼요. 지구상의 모든 생명체가 극심한 고통을 겪게 될 거예요.

기온이 1도씩 오를 때마다 농업 생산량은 10퍼센트 이상 감소한다고 해요. 그 이유는 사막화가 진행되면서 농사지을 땅이 줄어들고, 기온 상승으로 곤충들의 활동이 활발해져 농작물 피해가 커지기 때문이에요. 21세기 말이 되면 50퍼센트 줄어든 농업 생산량으로 50퍼센트 늘어난 인구를 먹여 살려야 한답니다.

2018년 한국의 6~8월 평균 기온은 25.4도였어요. 보통 여름 평균 기온은 23.6도예요. 평년보다 기온이 1.8도 더 높았을 뿐이지만, 한낮에 숨이 막히고 바깥 활동을 하기 어려울 정도로 더웠어요.

기상 관측이 시작된 이래 지구 기온이 가장 높았던 10위권에 속하는 해가 모두 2005년 이후에 해당합니다.

지구 온난화의 영향으로 기온이 상승해 극지방의 얼음이 녹으면 해수면이 올라가고, 이는 다시 지구 온난화를 부추기죠. 얼음이 녹을수록 지구는 더욱 더워지게 되거든요. 지구에서 햇빛을 가장 잘 반사하는 곳이 빙하 지대이기 때문이에요. 반면에 바다는 햇빛을 가장 적게 반사하는 곳이죠. 바닷물은 태양열의 90퍼센트를 흡수해요. 빙하가 녹아 바다 면적이 더 늘어나면 지구 전체적으로 햇빛을 흡수하는 면적이 더 늘어나게 되고, 지구는 그

만큼 더 더워지게 돼요. 지구 온난화가 지구 온난화를 더욱 부추기는 거예요.

더 큰 문제는 얼음이 녹아 생긴 차가운 물이 대량으로 바다에 유입되면서 바닷물의 흐름을 방해한다는 점이에요. 최악의 경우에 바닷물의 흐름이 멈출 수도 있어요. 과학자들의 예측으로는 북대서양에 초당 10만 톤 이상의 염분이 없는 물이 유입되면 바닷물 순환이 완전히 멈춘다고 해요. 그러면 무슨 일이 벌어질까요? 계속 더워지던 기후가 갑자기 180도 방향을 바꿔 추워지기 시작하죠.

영화 〈투모로우〉(2004년)가 그런 내용을 담고 있어요. 영화의 배경은 온난화로 인해 바닷물 순환이 멈추면서 지구에 빙하기가 닥친다는 거예요. 극지방과 적도 지방의 바닷물은 서로 순환하면서 지구 열에너지의 균형을 잡아 준답니다. 바닷물의 순환은 대기보다 열을 실어 나르는 양이 3배나 많아요. 바닷물이 순환을 멈추면 이런 기능이 작동하지 않고, 극단적인 기후가 찾아오죠. 온난화와 빙하기라는 상반된 현상이 동전의 양면처럼 이어져 있는 거예요.

영구 동토층도 녹고 있어요. 동토(凍土)는 얼어

있는 땅을 가리킵니다. 언 땅은 봄이 되면 다시 녹기 마련이에요. 그런데 해가 바뀌어도 녹지 않는 땅이 있어요. 그곳을 내내 얼어 있다고 해서 영구 동토라고 불러요. 시베리아, 알래스카, 그린란드, 캐나다 일부 지역이 영구 동토에 속해요. 지구를 반으로 나눴을 때 위쪽을 북반구라고 하죠? 북반구 땅의 약 24퍼센트가 영구 동토일 정도로 매우 넓어요.

2014년 다국적 연구팀이 캐나다 북쪽의 영구 동토층에서 700년 된 순록 배설물을 발견했어요. 배설물 속에는 지금까지 볼 수 없었던 바이러스가 들어 있었어요. 바이러스는 죽은 게 아니라 얼어 있었죠. 영구 동토가 녹으면 그 속에 얼어 있던 세균, 바이러스 등이 퍼질 수 있어요. 또 다른 문제는 영구 동토가 녹으면 그 안에 있는 메탄가스가 뿜어져 나온다는 거예요. 북극만 해도 1조 톤이 넘는 탄소가 묻혀 있는데, 이는 현재 공기 중에 있는 탄소량의 두 배에 이르는 양이에요. 빙하의 사례처럼 지구 온난화가 지구 온난화를 더욱 부추기는 거예요.

2003년 여름, 40도가 넘는 이례적인 무더위로 유럽 전역에서 약 7만 명이 목숨을 잃었어요. 날씨가 더워질수록 노약자와 취

약 계층의 피해도 커져요. 기후 변화는 노약자, 가난한 사람들처럼 도움이 필요한 사람들의 일상부터 파괴하거든요. 영국 의학 전문지에 실린 보고서에 따르면, 2030년부터 전 세계에서 매년 25만 명이 기후 변화 탓에 건강을 잃고 사망할지 모른대요. 지금까지 우리가 지구를 불덩이로 만들었다면, 이제 불타는 지구가 우리를 불태울 기세죠.

더위 그 자체로도 큰 피해를 보지만, 여러 피해가 따라와요. 깨끗한 물이 줄어들고 물과 식량을 찾아 사람들이 살던 곳을 떠나게 돼요. 2015년부터 유럽을 휩쓴 난민 문제가 대표적이죠. 한 해에 수십만 명의 난민이 유럽으로 넘어와요. 표면적인 이유는 내전 때문이지만, 갈등의 배경에는 물을 비롯하여 자원을 둘러싼 다툼이 있어요. 극단적인 기후 환경이 대립과 갈등을 부추기고, 그 결과 많은 사람이 난민이 되는 거예요.

더위에 죽어 가는 동물들

생물은 오랜 세월 동안 환경에 적응해 가며 최적의 생존 조건을 찾았어요. 그런데 지구 온난화로 기후 조건이 빠르게 바뀌면서 동식물이 위기에 처하게 됐어요. 동식물이 달라진 환경에 적응할 수 없을 정도로 빠르게 변하는 것이 문제이죠.

지구 온난화로 심한 더위와 추위, 빙하 해빙과 해수면의 상승, 가뭄, 산불과 사막화, 국지성 호우(일부 지역에 집중적으로 내리는 비), 홍수와 태풍 등의 극단적인 기후 현상이 증가하고 있어요. 이런 극단적인 기후는 동식물의 생존에 위협이 될 수밖에 없죠.

◯지구 온난화 때문에 산불이 일어나요!◯

최근 들어 여름철 폭염 속에 그리스, 미국, 터키 등 전 세계적으로 큰 산불이 잇따르고 있어요. 2019년에서 2020년까지 6개월 동안 이어진 호주 산불로는 남한보다 넓은 면적의 숲이 타서 사라졌어요. 이 때문에 호주의 상징적인 동물인 코알라의 개체 수가 약 30퍼센트 줄어든 것으로 추정해요. 코알라가 기후 변화로 인해 먹이인 유칼립투스 잎을 제대로 구하지 못하고, 산불로 해마다 수천 마리씩 죽거나 다친다면 30년 뒤에는

> 멸종할 수 있다는 분석까지 나왔어요.
>
> 예전보다 산불이 부쩍 늘어난 이유가 뭘까요? 지구 온난화 때문이에요. 폭염과 가뭄으로 숲이 불에 취약해졌어요. 나무들이 머금은 습기가 적고 땅도 건조하다 보니까 작은 불씨만 일어도 불이 마른 장작에 옮겨붙듯 확 번지는 거예요.
>
> 문제는 이런 현상이 더운 지역에서만 발생하지 않는다는 점이에요. 시베리아나 알래스카는 추운 곳으로 유명한데, 최근 들어 시베리아는 38도까지 오른 곳이 있었고 알래스카도 32도까지 오른 곳이 있었어요. 추운 지방도 산불로부터 안전하지 않은 거예요.

지구가 따뜻해져서 무더위가 이어지고 얼음이 녹고 가뭄이 오래가는 등의 현상은 이해가 될 거예요. 반면 일부 지역에 큰비가 내리고 태풍이 많이 몰려오는 건 선뜻 이해가 안 되죠? 바닷물 온도가 올라갈수록 공기 중으로 증발하는 물이 많아지게 돼요. 그 결과 구름이 머금은 물의 양도 늘어나죠. 이런 구름을 거느린 태풍은 수온이 높은 해역을 통과하면서 세기가 더욱 강해지게 돼요. 지구 온난화로 집중 호우와 태풍 발생이 잦아지고 위력도 강해지는 이유랍니다.

2021년 7월, 독일 서부와 벨기에 이틀간 집중 호우가 발생했어요. 이 기간 쏟아진 비는 100년 만의 폭우라고 말할 정도로 기록적인 양이었어요. 대규모 홍수로 200여 명이 목숨을 잃고 말았지요. 전문가들은 이 집중 호우의 주요 원인 중 하나로 지구 온난화를 꼽고 있어요. 지구 온난화는 서유럽과 중국, 일본 등에서는 집중 호우와 홍수를, 미국과 캐나다 등 북미에서는 극심한 폭염을 유발하고 있는 거예요. 이 모든 자연 현상이 서로 연결되어 있죠.

 지구 온난화로 동물들의 피해도 커요. 당장은 극지방에 사는 동물들이 큰 피해를 입고 있어요. 북극에 사는 북극곰이 대표적이에요. 바닷물이 얼어서 생긴 얼음덩어리 '해빙'이 줄어들면서 북극곰의 서식지가 줄어들고 있거든요. 해빙이 녹고, 남아 있는 해빙의 두께도 얇아지는 등 서식지 감소가 심각한 수준이에요. 북극의 온난화는 다른 지역보다 빠르게 진행 중이랍니다. 2012년 북극 바다의 얼음은 1979년 위성 관측이 시작된 이래 사상 최저를 기록했는데, 2020년에는 그와 비슷한 수준으로 얼음이 녹았어요. 수만 년 된 '최후의 빙하'도 일부 녹아 부서져 버렸어요.

 해빙 위에서 휴식을 취하고 번식하는 바다표범이 북극곰의 주된 사냥감이에요. 해빙이 사라지고 바다표범이 줄어들자 북극곰이 사냥할 수 있는 기간도 짧아지고 있어요. 북극곰은 생존을 위해 육지에서 더 오랜 시간을 보내죠. 결국 사람들과 마주칠 일이 늘어나면서 사람들에게 죽임을 당하는 일이 많아지고 있어요.

지구 온난화는 극지방에서만 심각한 게 아니랍니다. 기온이 올라간다는 것은 식물의 서식지가 변한다는 걸 의미해요. 예를 들어 멜론, 애플망고, 패션프루트 등은 주로 열대 지방에서 맛볼 수 있는 과일들이에요. 기온이 오르면서 몇 년 전부터 이런 과일들을 한반도 남쪽에서 심어 가꿀 수 있게 됐어요.

이게 좋기만 한 걸까요? 열대 과일의 재배 면적이 늘어나는 만큼 감, 사과 등 온대 과일의 재배 면적은 줄어들죠. 농촌진흥청 온난화대응농업연구소에 따르면, 지구 온난화가 계속된다면 2050년 경북 지역에서 사과를 재배하는 일이 어려울 거라고 해요. 온대 과일을 심어 가꾸기에 기후가 맞지 않는 거예요.

인간들이야 사과 재배가 어려우면 외국에서 농사지은 사과를 수입해 먹으면 되죠. 그런데 동물들은 어떨까요? 기후 변화 탓에 주로 먹는 식물들이 사라지고 새로운 식물들이 늘어나면 어떻게 될까요? 금세 적응해서 잘 살까요? 그럴 수 없어요. 당연히 생존에 어려움을 겪게 되죠. 중국에 서식하는 대왕판다는 대나무 잎을 먹고 사는데, 기후 변화로 대나무 숲이 사라지고 있어요. 결국 먹이를 구하는 데 어려움을 겪는 대왕판다의 생존도 위협받고 있죠. 땅 위에 사는 수많은 동물들이 비슷한 어려움을 겪게 될 거예요.

물속은 덜 더우니까 괜찮을까요? 물속도 덥기는 마찬가지예요. 바닷물 온도가 올라가면서 해양 생물들이 적정한 수온을 찾아 이동을 시도할 거예요. 대개 수온이 좀 더 낮은 고위도로 옮겨가겠죠. 이에 따라 열대 해역에서는 해양 생물의 멸종이 시작될 거예요. 국제 학술지 〈네이처〉에 실린 연구에 따르면 지구 온난화로 해양 생물이 육지 생물보다 두 배 빠르게 사라지고 있다고 해요. 육지 생물은 숲속이나 그늘 등에서 더위를 피할 수 있지만 해양 생물은 그조차 어렵기 때문이에요. 한반도 주변 상황도 심각해요. 지난 50년 동안 한반도 주변 수온은 세계 평균의 2.5배로 치솟았어요.

더욱이 산업화 이전보다 지구 평균 기온이 2도 오르면 바닷속 산호의 99퍼센트 이상이 죽는다고 해요. 산호초는 바다의 열대 우림이라고 할 수 있어요. 해양 생물의 4분의 1을 지켜 주는 생태계의 보물 창고와 같죠. 그런데 지난 30년간 기후 변화로 약 50퍼센트가 사라지고 말았어요.

산호 안에는 조류(藻類)가 살아요. 산호의 화려한 색은 사실 조류의 색이랍니다. 조류는 아주 작은 식물의 일종이에요. 조류는 햇빛을 이용해 광합성을 하고, 그 영양분을 산호에 공급해요. 대신 산호로부터 보금자리를 제공받죠. 산호와 함께 산다고 해서 '공생 조류'라 부르기도 해요. 서로 다른 생물이 같은 곳에 살면서 서로 이익을 주고받는 관계가 '공생 관계'예요.

산호는 환경에 아주 민감해요. 바닷물이 따뜻해지면 산호가 공생 조류를 쫓아내거나, 공생 조류가 떠나기도 해요. 그러면 산호는 하얗게 색이 변해요. 세계 곳곳에서 이러한 산호 백화 현상이 일어나고 있어요.

산호초는 많은 생물들이 살아가는 생활 터전이기 때문에 산호초가 파괴된다는 건 조개나 물고기의 먹이가 사라지고, 또 살아갈 공간이 사라진다는 걸 뜻해요. 바닷속 먹이 사슬이 무너지면 인간이 먹을 물고기도 사라지겠죠. 지구 온난화와 함께 앞서 살

펴본 미세 플라스틱이 산호초를 죽음으로 내몰고 있답니다.

정부는 5월 10일을 '바다 식목일'로 정하고 바다 숲의 중요성을 알리고 있어요. 우리는 산소를 주로 나무들이 호흡으로 내뿜는다고 알고 있죠. 실제로 지구에 필요한 산소는 육지의 숲보다 바다에서 더 많이 만들어져요. 해조류는 광합성을 통해 바닷속 이산화탄소를 흡수하고 산소를 내보내요. 바닷속 이산화탄소가 줄어들면 대기 중의 이산화탄소가 바다로 녹아들면서 대기 중의 이산화탄소도 줄어드는 효과가 있어요.

북극, 남극, 산 계곡의 산악 빙하, 그린란드 빙하 등을 분석한 결과, 최근 23년간 약 28조 톤의 얼음이 사라진 것으로 보고 있어요. 얼음이 녹는 속도는 갈수록 빨라지고 있어요. 2021년 7월 말, 닷새 동안 410억 톤의 그린란드 빙하가 녹았어요. 이는 미국 플로리다 전체를 5센티미터 높이의 물로 뒤덮을 만한 양이에요.

1901년 이후 지구 평균 해수면은 20센티미터 높아졌어요. 해마다 평균 1.7밀리미터씩 해수면이 올라가다가 1993년부터 상승 속도가 빨라졌고, 2005년에 다시 더 빨라졌어요. 지금은 해마다 약 3.2밀리미터가 올라가요.

이런 속도라면 해안가나 낮은 지대에 사는 사람과 동물 모두 살아갈 곳을 잃게 될 거예요. 세계 인구의 10명 중 1명은 해수면 상승으로 피해를 보게 되죠. 피지, 투발루 같은 남태평양 섬들은 2050년이면 완전히 사라질 수 있어요. 우리나라의 서해안과 남

해안도 안전하지 않아요.

다들 지구 온난화로 어려움을 겪고 있어요. 많은 동물이 급격히 바뀌는 이상 기후에 어리둥절해하고 있죠. 동물들이 말을 할 수 있다면, 어쩌면 이렇게 말할지도 몰라요.

"우리가 살 수 없는 세계에선 인간들도 살 수 없다고!"

그러나 많은 사람이 동물들의 하소연에 전혀 귀 기울이지 않고 있어요. 동물들이 살기 어려운 곳은 인간도 살기 어려워요.

지구 온난화를 어떻게 늦출까?

미세 먼지, 해양 오염도 중요한 문제지만, 정말 심각한 문제는 기후 변화예요. 미세 먼지가 수류탄이라면 기후 변화는 핵폭탄에 가깝거든요. 기상 관측 이래 최근 10년이 가장 더웠어요. 특히 한국의 이산화탄소 농도, 기온 상승은 전 세계 평균을 웃돌고 있어요.

지구 기온을 낮추려면 나무를 많이 심고 숲을 잘 가꿔야 해요. 나무는 이산화탄소를 들이마셔요. 숲과 바다는 이산화탄소를 빨아들이는 중요한 흡수원이에요. 정글, 습지, 늪지, 산호초, 맹그

로브 숲(강가나 늪지에 뿌리를 내리고 물속에서 자라는 열대 나무 숲) 등은 모두 공기 중 이산화탄소를 흡수해 없앱니다. 그런데 지구의 허파라 불리는 아마존 열대 숲이 2021년 9월 한 달 동안, 하루에 축구 경기장 4천 개 크기만큼 사라졌어요. 아마존 숲의 경우 대개 콩을 심을 땅을 늘리거나 소를 키울 목초지를 개발하기 위해 파괴되고 있죠.

가장 중요한 것은 '소비' 자체를 줄이는 일이에요. 재활용에 힘쓰는 노력도 중요하지만 충분하지 않아요. 그런 실천은 출발점일 뿐 종착점이 아니거든요. 소극적인 환경 보호를 넘어서 적극적인 소비 감축에 나서야 해요. 지금은 넘쳐 흘러내린 물을 닦을 때가 아니죠. 걸레는 집어던지고 물을 콸콸 쏟아 내는 수도꼭지를 잠가야 해요. 그렇지 않으면 바닥이 온통 물바다가 될 테니까요.

기후 변화라는 말을 계속 써 왔지만, 사실 지금 상황은 기후 위기에 가깝죠. 그러나 우리는 아직도 그 심각성을 잘 모르는 듯해요. 영국 작가 헬렌 맥도널드는 이렇게 말했어요. "우리는 규모를 잘 다루지 못한다. 흙 속에 사는 존재들은 너무 작아서 마음을 쓰지 않고, 기후 변화는 너무 거대해서 감히 상상하지 못한다."

소비를 왜 줄여야 하는지 좀 더 구체적으로 얘기해 줄게요. 혹시 '탄소 발자국'에 대해서 들어 봤어요? 먼 곳에서 생산된 물건이 우리가 사는 곳까지 오려면 배나 비행기를 이용해야 해요. 대개는 배에 실려 바다를 건너오죠. 배가 움직이려면 연료가 필요한데, 연료를 태울 때 이산화탄소가 나오는 거예요. 이렇게 상품을 만드는 것부터 팔기 위해 실어 나르고 실제 소비되는 것까지 전 과정에서 직간접적으로 배출되는 이산화탄소의 전체 양을 '탄소 발자국'이라고 부르죠.

예를 들어 아보카도 100그램에서 나오는 이산화탄소는 10.37그램이에요. 얼마나 많은지 감이 안 오죠? 바나나와 비교하자면 바나나 100그램에서 배출되는 이산화탄소는 2.49그램이에요. 아시아나 유럽 등지에선 대부분 아보카도를 수입해서 먹는데, 수천에서 수만 킬로미터를 이동하는 과정에서 많은 이산화탄소를 내뿜는답니다. 더불어 질소산화물 같은 미세 먼지 입자도 나오죠.

> ●탄소 발자국 줄이는 방법●
>
> 전기 차 타기　　　　대중교통 이용하기
>
> 장거리 여행 줄이기　　육식 줄이기
>
> 재생 에너지 사용하기　냉난방 줄이기

　경제가 성장할수록 생활이 풍요로워지는데, 결국 풍요는 더 많은 소비를 전제하죠. 한 나라가 모든 상품을 만들 수 없기 때문에 더 많이 소비한다는 건 더 많이 수입한다는 걸 뜻하고, 이는 결국 더 많은 이산화탄소와 오염 물질을 만들어 낸다는 의미예요. 과도한 소비는 자원의 고갈과 환경 파괴로 이어져요. 결국 급격한 기후 변화는 풍요로운 생활과 지나친 소비의 또 다른 면이랍니다.

　인류가 땅속에 묻힌 화석 연료를 남김없이 불태운다면 지구는 18도나 더워진다고 해요. 지금으로부터 약 2억 5200만 년 전 세 번째 대멸종이 있었던 페름기 말보다 지구가 훨씬 더 뜨거워지는 셈이죠.

　소비를 줄이는 일이 왜 중요하냐면 소비를 줄여야 생산도 줄일 수 있기 때문이에요. 더 많이 소비할수록 더 열심히 생산하게 되죠. 쉽게 말해 공장을 더 많이 가동하는 거예요. 그럴수록 이산화탄소와 미세 먼지가 더 많이 배출되겠죠.

소비를 줄여야 하는 또 다른 이유는 우리의 소비가 꼭 필요해서 하는 게 아니라서예요. 대부분의 제품은 생산 단계부터 소비자의 욕망을 부추기도록 설계되죠. 그래야 잘 팔릴 테니까요. 그래서 우리는 철따라, 유행따라 소비합니다. 또 기업들은 제품을 개발할 때부터 '계획된 노후화'를 추구해요. 시간이 지나면 쓰지 못하도록 지정된 수명만 갖도록 설계하는 거죠. 그래야 그것을 대체할 새 물건을 구입할 테니까요.

전기 사용도 줄일 필요가 있어요. 우리나라의 1인당 전력 소비량은 선진국 클럽이라는 경제협력개발기구(OECD) 회원국 중 상위권에 속해요. 2020년 국제에너지기구(IEA) 보고서에 따르면 OECD 회원국 38개국 중 우리나라는 1인당 전력 소비량이 8위였지요. 우리나라는 특히 산업 부문의 전력 소비가 많기 때문이에요.

전기 사용을 어떻게 줄일 수 있을까요? 기업에서 쓰는 전기를 제외하면 가정용 전기는 많은 부분이 냉난방에 쓰이죠. 냉난방에 쓰이는 전기를 줄이려면 에너지 효율이 높은 주택을 지으면 돼요. 다시 말해 전기나 가스 등을 많이 쓰지 않아도 냉난방이 잘되는 주택을 지어야 해요. 지열이나 태양광을 이용한 주택, 단열에 공을 들인 주택 등이 여기에 속해요.

단열이 잘되는 집은 지열이나 태양광 등을 잘만 이용하면 외부

에너지 없이 냉난방을 유지할 수 있어요. 단열은 물체와 물체 사이에 열이 통하지 않도록 막는 것을 뜻해요. 겨울에는 외부에 열을 덜 뺏기도록, 여름에는 외부의 열을 덜 흡수하도록 하는 거죠.

고기를 덜 먹는 것도 하나의 방법이에요. 축산 분야에서 나오는 온실가스가 전체 배출량의 15.8퍼센트를 차지하거든요. 소, 돼지, 닭, 양 등의 분뇨 처리 과정에서 메탄가스가 나오고, 더욱이 소가 트림과 방귀 등을 통해 내뿜는 메탄가스는 이산화탄소보다 온실 효과가 25배나 더 커요. 또 공장식 축산을 위해 많은 땅이 필요하기 때문에 숲에 불을 지르거나 나무를 베어 버려요. 영국 런던의 한 대학에서는 가축을 길러서 판매하는 축산업이 온실가스 배출의 주범이라며 교내에서 소고기가 들어간 음식을 판매하지 못하도록 했어요.

온실가스 때문에 모두가 채식주의자가 되어야 한다는 말은 아니에요. 고기를 아예 먹지 말자는 게 아니라 조금 덜 먹도록 노력하자는 거예요. 마찬가지로 소비를 줄이자고 했지, 소비를 해선 안 된다는 게 아니에요. 꼭 필요한 게 있다면 당연히 살 수 있죠. 자동차가 미세 먼지와 이산화탄소를 유발하니까 자동차를 타지 말자는 게 아니라 되도록 승용차 대신 대중교통을 이용하자는 거예요. 또 가까운 곳은 자전거를 타거나 걸어서 가면 더 좋고요. 더 지혜롭게 소비할 필요가 있어요.

물론 덜 소비하는 일이 말처럼 쉬운 건 아니에요. 사상가 이반

일리치는 『누가 나를 쓸모없게 만드는가』라는 책에서 이렇게 말했어요.

"현대의 새로운 가난이 만연하는 세상에서 상품에 중독되지 않고 살아가는 것은 불가능하거나, 죄악이거나, 또는 두 가지 다일 수 있다. 소비를 하지 않고 무언가를 한다는 건 불가능하다. (…) 직장에 다니지 않거나 소비를 하지 않는 사람은 쓸모없는 인간으로 취급된다."

소득이 많고 소비를 많이 할수록 좋다고 생각하는 사람이 많아요. 또 유행을 좇아 살아야 할 것처럼 사회가 부추기죠. 유행을 좇다 보면 더 많이 소비하게 돼요. 꼭 필요하지 않은 물건도 사게 될 때가 있거든요. 유행을 따르지 말고 정말 필요한 것만 소비하는 지혜가 필요해요. 지금의 우리에겐 '채움보다 비움'이 무엇보다 절실해요.

2019년 3월 15일, 92개 나라에서 많은 청소년이 기후 문제에 대한 인식과 변화를 촉구하는 시위를 벌였어요. 이런 움직임은 같은 해 9월에 벌어진 전 세계 기후 파업(Climate Strike)으로 이어졌어요. 이 일의 중심에 스웨덴의 10대 환경 운동가 그레타 툰베리가 있었어요. 툰베리는 금요일마다 기후 위기 해결을 부르짖는 등교 거부 운동을 시작으로 전 세계 기후 변화 운동을 이끌고 있어요.

그레타 툰베리처럼 등교 거부는 하지 못하더라도 각자 할 수 있는 일들을 하나씩, 조금씩 해 나가면 되지 않을까요? 그런다고 지구 환경이 좋아지겠냐고요? 나 하나 바꾼다고 얼마나 달라지겠냐고요? 그런 친구들에게 아메리카 원주민 전설을 하나 들려줄게요. 크리킨디 이야기로 불리는 전설인데, 이야기에 등장하는 주인공 이름이 크리킨디예요.

어느 날, 숲에 큰불이 났어요. 두려움에 휩싸인 동물들은 발을 동동 구르며 산불을 지켜만 봤죠. 그런데 크리킨디라는 작은 벌새 한 마리가 입에 물을 머금고 와서 불을 끄려고 애썼어요. 바빠 오가는 벌새를 본 아르마딜로가 한심하다는 듯이 물었죠. "벌새야, 너 미쳤어? 그 적은 물로 어떻게 불을 끄겠다는 거야?" 그러자 벌새가 담담하게 대답했어요. "나도 알아. 그저 내 몫을 다 할 뿐이야."

과학이 지구를 지켜 줄까?

지구에는 다섯 번의 대멸종이 있었어요. 가장 큰 규모의 멸종은 2억 5200만 년 전에 일어났어요. 이유는 지구 온난화 때문이었죠. 온실가스가 지구 기온을 올리면서 대멸종이 시작됐어요. 북극 얼음 층이 녹으면서 메탄이 공기 중으로 퍼졌고, 그로 인해 기온이 더 오르자 지구 생명체가 대거 사라졌어요.

2015년 프랑스 파리에서 세계 정상들이 모여 이산화탄소 배출에 대한 약속을 맺었어요. 이를 '파리 기후 협정'이라고 해요. 그때 전 세계가 합의한 목표는 지구 평균 기온 상승을 산업화 이전 대비 2도보다 훨씬 아래로 유지하고, 나아가 1.5도로 억제하자는 것이었죠. 그러면 지구 생태계가 그럭저럭 유지될 것으로 기대했거든요.

'기후 변화에 관한 정부 간 협의체(IPCC)'의 과학자들은 2100

년까지 지구 평균 기온 상승 폭을 1.5도 아래로 제한하기 위해서는 2030년까지 전 세계 이산화탄소 배출량을 2010년 대비 최소 45퍼센트 이상 줄여야 하고, 2050년경에는 탄소 중립을 달성해야 한다고 분석했어요. 탄소 중립이란 대기 중 이산화탄소 농도가 더 늘어나지 않도록 순 배출량이 '0'이 되도록 하는 거예요. 인간이 만들어 내는 이산화탄소 배출량이 전 지구의 이산화탄소 흡수량과 균형을 이룰 때 탄소 중립이 이루어져요. 지구 평균 기온이 2도 올랐을 때 생태계와 인간 사회는 매우 높은 위험에 처하지만, 1.5도는 그 위험을 조금이나마 줄일 수 있어요. 기후 영향으로 산호가 사라지고 가난한 사람들이 고통받고 물이 부족해지는 현상을 조금은 누그러뜨릴 수 있어요. 대규모 기상 이변의 위험성과 해수면 상승에 따른 위험도도 낮출 수 있죠.

과학계에서는 '지구 공학(기후 공학)'이라 부르는, 인위적으로 지구 온도를 떨어뜨리는 다양한 기술이 나오고 있어요. 햇빛을 가리거나 반사시키는 게 기본적이에요.

그 방법 중 하나가 성층권에 에어로졸을 뿌려서 지표면에 도달하는 햇빛의 양을 줄이는 방법이에요. 에어로졸은 고체 또는 액체 상태의 작은 입자를 가리키죠. 이 방법은 화산 폭발에서 아이디어를 얻었어요. 1991년 필리핀에서 큰 화산이 폭발했는데, 화산에서 나온 가스가 성층권에 올라가 황산 에어로졸이 됐어요. 이 황산 에어로졸은 작은 거울처럼 햇빛을 차단해 당시 지구 평

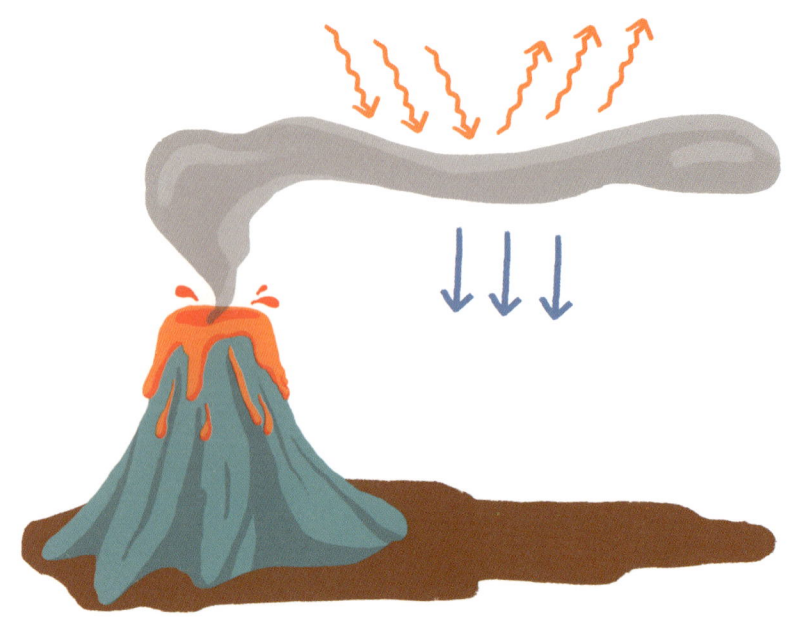

균 기온이 0.2~0.5도 낮아졌어요. 과학자들은 화산 폭발과 유사한 상황을 만들어 지구 기온을 낮추려고 하죠. 문제는 에어로졸에 의한 효과가 골고루 나타나지 않으면 생태계에 악영향을 줄 수 있다는 거예요. 어느 지역에서는 강우량이 줄 수 있고, 에어로졸 주입을 중단하면 잠시 멈췄던 기온이 걷잡을 수 없이 오를 수도 있거든요. 2021년 6월, 스웨덴 우주국에서 햇빛 차단 실험을 위해 기구에 에어로졸을 싣고 올려 보낼 계획이었지만 환경 단체와 지역 주민의 반대로 비행을 취소했어요.

다른 방법 가운데 하나로 대기 중 이산화탄소를 모아서 저장하는 기술이 있어요. 실제 나무보다 더 많이 이산화탄소를 흡수하는 인공 나무 숲 조성하기, 대기 중 이산화탄소를 모아서 액체로 만든 뒤 땅속이나 바닷속 깊은 곳에 묻기 등 다양한 연구가 진행 중이에요.

미세 먼지도 잠깐 살펴볼까요? 미세 먼지를 제거할 기술로는 인공 강우가 자주 언급되죠. 인공 강우는 말 그대로 인공적으로 비를 내리는 기술이에요. '요오드화은'이라는 성분의 구름씨를 뿌려서 특정한 지역에 비나 눈이 내리게 하는 방법이랍니다. 그러나 인공 강우는 미세 먼지 문제의 근본적인 해결책이 되기 어렵죠. 오염 물질을 원천적으로 줄이지 않는다면 비를 뿌린 뒤 잠시 깨끗해질 뿐 미세 먼지 농도는 언제든 다시 나빠질 수 있거든요.

어떤 과학 기술이든 좋은 점과 나쁜 점을 함께 지녀요. 신기술이 개발되면 장점도 있지만 예상치 못한 부작용이 따라오죠. 약학을 영어로 파머시(pharmacy)라고 하는데, 파머시는 그리스어 파르마콘(pharmakon)에서 왔어요. 파르마콘은 문맥에 따라 '약'으로 쓰이기도 하고 '독'으로 쓰이기도 해요. 병을 치료해 사람을 살리는 약과 사람을 해치는 독이라는 뜻이 한 단어 안에 있다는 게 신기하죠? 모든 약에는 독성이 있어요. 그래서 어떤 약이든 오랫동안 먹으면 부작용을 일으키기 마련이에요. 부작용이 전혀 없어서 약을 쓰는 게 아니라 약효가 부작용보다 의미 있기 때문에 약을 쓰는 거예요. 과학 기술도 다르지 않답니다.

지구 공학 역시 알려지지 않은 부작용을 낳을 수도 있죠. 확실하지 않은 과학 기술에 모든 걸 맡기려 하지 말고, 당장 할 수 있는 것부터 실천하는 게 낫지 않을까요? 그것이 현명한 방법일 거예요. 지구는 단순한 실험 대상이 아니죠. 지구는 우리가 살 수 있는, 현재까지 알려진 유일한 행성이랍니다.

과학 기술의 힘을 무시하는 게 아니에요. 인류가 지금과 같은 풍요를 누릴 수 있는 것도 과학 기술 덕분이죠. 지구 온난화와 관련해서 과학은 꼭 필요해요. 과학은 지금 우리가 어떤 어려움에 처해 있는지 알게 해 주거든요. 과학의 경고를 새겨들어야 해요. 과학이 수많은 증거를 보여 주는데도 일부 사람은 지구 온난화를 부정하고 있어요. 설사 지구 기온이 오른다 해도 그것은 인간의 활동 때문이 아니라 지구 기온의 주기적 현상일 뿐이라고 주장하죠.

그런 사람들 가운데 대표적인 인물이 트럼프 전 미국 대통령이에요. 그는 기후 변화가 인간 때문에 발생했다는 사실에 동의할 수 없다고 말해 왔어요. 어떤 과학자는 트럼프를 향해 이렇게 말했어요. "그가 중력을 믿든 안 믿든, 절벽에서 뛰어내리면 밑으로 떨어지게 되어 있다." 과학적 사실은 변하지 않는다는 거예요.

우리는 과학의 목소리에 귀 기울일 필요가 있어요. 특히 과학적 사실에 기초한 환경 교육이 절실히 필요해요. 하지만 현재 전국 중학교와 고등학교에서 환경 과목을 선택한 학교는 그리 많지 않아요. 기후 위기를 조금이나마 늦추기 위해서는 환경에 대한 지식부터 실천까지 통합적인 환경 교육이 필요하답니다.

하나뿐인 지구별

　모든 동물은 산소를 들이쉬고 이산화탄소를 내뱉어요. 지금까지 지구상에 살았던 모든 동물이 내뱉은 이산화탄소를 다 모은다면 엄청나게 많은 양일 거예요. 그런데 신기하게도 이산화탄소의 양이 일정하게 유지되어 왔어요. 인간이 본격적으로 산업을 일으키기 전까진 말이에요.
　앞에서도 말했듯 식물은 햇빛과 물, 이산화탄소를 재료로 광합성을 해요. 이산화탄소를 흡수한 식물은 산소를 내놓죠. 그 산소를 다시 동물이 들이마시고요. 이 과정이 끝없이 이어져요. 실로 장엄하고 아름다운 동식물의 조화이자 신비입니다.
　과학자 칼 세이건은 『코스모스』라는 책에서 이를 "동물과 식물이 각각 상대가 토해 내는 것을 다시 들이마신다니, 이것이야말로 환상적인 협력이 아니고 또 무엇이겠는가? 이것은 지구 차원에서 실현되는 일종의 구강 대 기공의 인공호흡"이라고 설명했어요. 동물의 구강(입)과 식물의 기공(숨 쉬는 구멍)이 입을 맞추며 인공호흡을 하고 있다는 뜻이에요.
　텃밭에서 채소를 키워 보면 식물이 정말 위대한 생명체라는 걸 느끼게 돼요. 비료를 주지 않아도 식물은 땅에서 길어 올린 물과 공기 중에서 빨아들인 이산화탄소, 그리고 햇빛을 연료로 삼아 쑥쑥 자라거든요. 식물은 '대지의 마법사'예요. 물을 제외하면 햇빛과 이산화탄소처럼 우리 눈에는 보이지 않는 것들을 가지고 꽃을 피우고 결실을 맺잖아요. 곡물과 과일 등은 광합성이라는 마법이 빚은 결과물이에요.

인간은 식물이 만들어 놓은 탄수화물을 섭취한 다음 호흡을 통해 빨아들인 산소와 결합해 생존에 필요한 에너지를 뽑아내요. 사실 지구상의 모든 동물은 식물 덕분에 살 수 있어요. 식물이 없다면 동물도 있을 수 없어요. 그렇게 지구상의 모든 생명은 서로 연결되어 있어요. 거대한 순환의 고리로 이어져 있죠.

인간도 예외가 아니에요. 여러분이 내쉬는 숨은 대기를 순환하며 점차 세상으로 퍼져 나가고 다른 사람이 그 공기를 마시죠. 우리가 한 번 숨을 들이쉴 때마다 이 세상이 우리 안에 들어와 있는 거예요. 이렇게 '숨'은 놀라운 관계를 숨기고 있어요. 지금 여기의 삶이 지구 저 반대편의 삶과 이어져 있어요. 그뿐만 아니라 인간의 삶은 바닷속 생명체들의 삶과 연결되어 있고, 극지방에 사는 생명체들과도 이어져 있죠. 지구상의 모든 생명체가 보이지 않는 선으로 엮여 있어요. 모두가 서로에게 기대고 의지하며 살아갑니다. 어느 하나도 예외가 없어요.

지구는 거대한 생명체와 같아요. 그 거대한 생명체가 인류를 향해 '멈추라'며 소리치고 있어요. 미세 플라스틱과 미세 먼지,

지구 온난화에 신음하는 동식물들도 울부짖고 있죠. 앞에서 이미 지적했듯이 체온 변화를 생각해 보면 지구라는 생명체가 겪는 고통을 이해할 수 있을 거예요.

"이 행성은 선물이며, 차갑게 죽어 있는 우주 공간 한가운데에서 생명체가 살 수 있는 유일한 섬이다. 하지만 우리는 마치 크리스마스 선물을 받은 어린아이처럼 행동하고 있다." 독일에서 활동하는 과학 전문 작가 랑가 요게슈바어가 『과학으로 쓰는 긍정의 미래』에서 한 말이에요. 선물을 받아 든 아이는 흥분해서 포장을 마구 찢어 내용물을 꺼내죠. 그러곤 설명서도 읽지 않고 이리저리 시도해 보다가 다 실패하고 나서야 사용법을 읽기 시작해요. 작가는 우리가 그런 아이 같다는 거예요.

오래전부터 과학자들이 수없이 경고했지만, 우리는 그들의 말에 귀 기울이지 않았어요. 지구가 회복 불가능한 상태로 망가진 후에 지구의 소중함을 깨닫는다면 무슨 소용이 있을까요? 집이 홀라당 타 버리고 나서야 물을 끼얹는다면 아무 의미도 없겠죠? 우리는 지구를 상대로 거대한 불장난을 하고 있어요. 이제 불장난을 멈춰야 해요. 지금 멈춘다 해도 불길을 잡을 수 있을지 미지수랍니다. 유일한 섬인 지구를 지켜야 해요.

인간은 극지방 같은 얼어 있는 땅을 제외하면 지구 전체 육지에서 1퍼센트 정도의 땅을 이용하고 있어요. 그런데 여기에서 배출되는 온실가스가 전 지구 온실가스 배출량의 77퍼센트를 차지하죠. 하나뿐인 지구는 일회용이 아닌데, 인간은 지구를 일회용처럼 대하고 있어요.

지구는 커다란 의자와 같아요. 인간은 그 커다란 의자의 한쪽 귀퉁이에 앉아 있어요. 현대인은 아주 잠깐 의자를 빌렸을 뿐이에요. 『어린 왕자』를 쓴 생텍쥐페리는 "우리는 이 땅을 조상에게서 물려받은 게 아니라 후손에게 빌린 것이다"라고 말했어요. 우리는 지구라는 의자를 소중하게 사용했다가 다음 세대에게 건네줘야 합니다. 미래의 인류만이 아니라 자연 만물이 다음 세대에 속한답니다.

지금은 지구를 구할 시간

미세 플라스틱과 미세 먼지, 온난화로 고통받는 생태계 이야기

1판 1쇄 발행 2021년 11월 30일 1판 2쇄 발행 2022년 10월 21일

지은이 오승현 그린이 박단희

펴낸이 남영하 편집 김주연 박예슬 디자인 박규리 마케팅 김영호

펴낸곳 ㈜씨드북 주소 03149 서울시 종로구 인사동7길 33 남도빌딩 3F 전화 (02) 739-1666 팩스 (0303) 0947-4884

홈페이지 www.seedbook.co.kr 전자우편 seedbook009@naver.com 인스타그램 instagram.com/seedbook_publisher

ISBN 979-11-6051-427-8 (73400)

제조국명: 대한민국 | 사용연령: 10세 이상
KC마크는 이 제품이 공통안전기준에 적합하였음을 의미합니다.
종이에 베이지 않게 주의하세요.

• 책값은 뒤표지에 있어요. • 잘못 만들어진 책은 구입하신 서점에서 바꾸어 드려요. • 씨드북은 독자들을 생각하며 책을 만들어요.